**united
p.c.**

Alles, was du brauchst,
ist Hoffnung und Kraft.
Die Hoffnung, dass alles
irgendwann besser wird
und die Kraft bis dahin
durch zu halten.
Halte also durch und
verliere niemals die
Hoffnung.

Grüße Jessica (;

www.united-pc.eu

J. Rabl

Hauptrolle Opfer

Die Folgen meiner Kindheit mit Übergewicht

Für meine Lieben,

die mir gezeigt haben,

wie liebenswert ich bin.

DANKE - Einfach alles.

Inhaltsverzeichnis

Vorwort............8

Die Anfänge 12

Das Dickerchen Ich............20

Du Opfer............24

Falsche Familie, Falscher Nachname............27

Zugezogen – Willkommen Neuling............36

Der Übertritt naht............39

Neues, aufgezwungenes Erscheinungsbild.....43

Neue Schule, Neues Glück – Alles auf Anfang, Bitte............47

Alptraum Freibad............52

Falsche Freunde............59

Neue Freunde, neues Glück............64

Entschluss Gewichtsabnahme............69

Du Streber............79

Verleumdung und üble Nachrede............88

Werde ich Ernstgenommen? Nein.............91

Typischer Mitläufer............95

Überlebens-Instinkt............98

Ausbildung 1.0............102

Hallo Spaßbremse............109

Vorzeigemädchen bricht aus............111

Studium ich komme 119

Bruch mit der Verwandtschaft 129

Ausbildung 2.0 135

Reset – Raus aus dem Kaff 141

Rückkehr Landleben 146

Hallo Selbstständigkeit 150

Instagram – Neue Wege gehen 157

Hilfsbereit zu welchem Preis? 164

Mein Leben, meine Regeln, meine
Entscheidungen 169

Nicht ohne Schwangerschaftskilos 172

Diagnose Lipödem 182

Nicht alles war schlecht – Die schönen Seiten
.... 190

Happy End oder Never-Ending Story? 198

Danksagung 202

Vorwort

Wie sollte mich jemals jemand Lieben, wenn ich es selbst nicht tue? Oder gar sexy und anziehend finden? Fühle ich mich doch seit Jahren unwohl in meiner Haut.

Und doch gab es plötzlich jemanden in meinem Leben, der mir zeigte, wie liebenswert ich bin und der an meiner Seite sein wollte. Jemand der mich so liebt wie ich bin. Mit all meinen Ecken und Kanten und vor allem mit all meinen Körper-Rundungen inklusive Dellen und Narben. Für mich ist diese Tatsache bis heute noch unbegreiflich, da ich mich immer noch nicht selbst lieben kann. Ich akzeptiere zwar meine vermeintlichen Markel, aber im reinen mit meinem Körper bin ich deswegen noch lange nicht. Im Gegenteil: Ich fühle mich richtig unwohl in meiner Haut. Schon allein aufgrund der erneuten Gewichtszunahme durch meine Schwangerschaften.

Mit den zusätzlichen Pfunden fühle ich mich zurückversetzt in meine Kindheit. Besser gesagt: In meine unliebsame Grundschulzeit mit deutlichem Übergewicht – Mobbing-Attacken inklusive. Seit Jahren stellt meine eigene Kindheit ein gewisses Tabu-Thema für mich da über das ich überhaupt nicht nachdenken und erst recht nicht wirklich sprechen möchte. Die gesamte Zeit als Übergewichtiges Kind und Heranwachsende ist für mich ein rotes Tuch. Nur allzu gerne Klammere ich diese Zeit einfach aus meinem Gedächtnis aus.

Verdränge all das Negative und rufe nur die schönen Seiten meiner Kindheit in meine Erinnerung zurück.

Darüber sprechen kann ich nicht wirklich – mit niemanden, auch wenn er oder sie mir noch so nahesteht. Allein die Erinnerung schmerzt und versetzt mir einen Stich ins Herz. Wie sollte sich das Erlebte jemals bei einem Gespräch in verständliche und vor allem nachvollziehbare Worte fassen lassen? Der Einzige, der ein paar Dinge und Details darüber weiß, ist mein Ehemann, mein Ruhepol und Anker. Richtig offen habe ich zwar ihm Gegenüber die Problematik auch noch nie angesprochen, aber ich habe bei jedem Versuch gespürt, dass dies gar nicht notwendig ist. Er versteht mich auch so, da er mit Mobbing ebenfalls die ein oder anderen Berührungspunkte hatte. Zum Glück akzeptiert er mein „unnormales" Verhalten mit Kalorienzählen und Sport. Schließlich weiß er, dass ich mich erst wieder richtig wohlfühle, wenn ich mein Wunschgewicht erreicht habe. Er ist sich über meinen schlimmen Knick bezüglich meines Gewichtes bewusst und nimmt es einfach so hin, ohne groß darüber zu sprechen. Mein Knack ist im Nachhinein gesehen kein Wunder und ich weiß auch, dass ich in diesem Bereich nicht leicht zu händeln bin. Eher im Gegenteil: Das Thema Gewicht und mein gestörtes Essverhalten sind bei mir schwierig.

Durch das Hinunterschlucken und in mich Hineinfressen des Themas Mobbing und Übergewicht, konnte ich diese Zeit nie überwinden, nicht hinter mir lassen und vor allem nicht verarbeiten.

Vielmehr verdrängte ich erfolgreich diesen Lebensabschnitt. Und das tue ich heute unbewusst immer noch.

Während ich meiner Maus täglich beim Spielen zu sehe und in die Augen unseres zweiten Kindes blicke, kommen mir selbst die Tränen. Beide Kinder machen mich so unglaublich stolz. Ich hoffe, dass keines der beiden Engel jemals das Durchmachen muss, was ich persönlich erlebt habe. Niemals Opfer von Beleidigungen, Diskriminierung oder Ausgrenzungen wird. Sie sollen einfach glückliche Kinder sein, die gerne auf ihre Kindheit voll schöner Erinnerungen zurückblicken. Dafür kämpfe ich täglich und setze mich gerne mit mir selbst auseinander. Einfach um Loslassen zu können was war und positiv in die Zukunft zu blicken.

Damit ich selbst eine gute Mutter sein kann, mit all meiner Liebe und ohne die Angst im Hinterkopf, habe ich mich dazu überwunden, diese Zeilen niederzuschreiben. Glaubt mir, es fällt mir wahnsinnig schwer und ich vergieße dabei die ein oder andere Träne. Doch ich weiß es lohnt sich aus mehreren verschiedenen Gründen.

Zum einen kann ich selbst damit diese Zeit aufarbeiten, indem ich mich ganz bewusst damit auseinandersetze. Zum anderen hoffe ich inständig, damit anderen Mut zu schenken. Mut sich nicht in die Opferrolle drängen zu lassen und Mut sich selbst so zu lieben, wie man ist – Auch mit ein paar Kilos mehr auf den Hüften und einem BMI über oder auch unter der Norm. Mobbing ist kein Einzelfall. Niemand ist allein damit. Es kann buchstäblich jedem Treffen, egal ob groß oder klein, dick oder dünn, egal welcher Nation und welcher Hautfarbe man angehört. Mobbing macht vor keinem Halt, außer den Kindern, die aktiv andere Mobben, um nicht selbst zum „Opfer" zu werden.

Bist auch du davon betroffen, sei stark. Du kannst diese vermeintliche „Opferrolle" überwinden, denn du bist es nicht. Du bist kein „Opfer". Du bist du, du bist so liebenswert wie du bist und vor allem bist du perfekt so wie du bist mit alle deinen Ecken und Kanten. Du bist ein wertvoller und einzigartiger Mensch. Steh zur dir selbst und brich aus, raus aus der dir aufgedrängten Rolle. Denke daran: Du bist liebenswert <3

Die Anfänge

Genau genommen weiß ich selbst nicht mehr so genau wie alles Anfing, wann es anfing und wo es anfing. Vielmehr handelte es sich um einen schleichenden Prozess, der sich über Jahre hinweg zog, bis ich mich selbst als Außenseiterin und Mauerblümchen sah. Heute weiß ich, dass ich diese angebotene Rolle irgendwann unbewusst verinnerlicht und vor allem angenommen habe. Ich fühlte mich „außen" als Beobachterin wohler. Hatte das Gefühl so nichts falsch machen zu können und musste sicherlich keinem gefallen oder mich zwanghaft verstellen, um Freundschaften zu schließen. Ein weiterer Grund die Außenseiterin, die Streberin, zu sein, lag darin, nicht mehr den ständigen Mobbing-Attacken ausgeliefert zu sein. Für mich selbst und meiner Seele beschloss ich daher, mich einfach im Hintergrund zu halten, weder positiv noch negativ aufzufallen. Einfach die Füße still zu halten, mich unsichtbar machen und mich irgendwie durchzumogeln. Schließlich war alles besser als die ständigen Beleidigungen der anderen oder gar selbst noch zum Täter werden, um mich aus der Schusslinie zu nehmen. Letzteres kam für mich niemals in Frage.

Im Kindergartenalter begannen bereits die ersten Ausläufe der beginnenden Ausgrenzung. Ich muss dazu sagen, ich ging sehr gerne in den Kindergarten. Spielte, malte und bastelte gerne, übernahm bereitwillig den Abwasch. – Bereits hier oftmals zurückgezogen und allein. Als Kleinkind war ich bereits etwas fester gebaut als andere Kinder in meinem Alter. Meine Mama meinte zwar, dass ich als Baby durchaus im Normalbereich und meine Schwester wesentlich fester war, aber dies änderte sich. Mein vermeintlich späteren Babypfunde wurden mehr anstatt weniger. Zwar bewegte ich mich sehr viel, aber der „Babyspeck" blieb mir trotzdem erhalten.

Als Kind war ich sehr viel bei meiner liebevollen, aber dennoch sehr strengen Oma. Ich wuchs praktisch mehr oder weniger bei ihr auf. Omas meinen es im Allgemeinen immer gut mit einem. Leider manchmal zu gut was gerade ungesundes Essen betrifft. Limo, süßen Tee mit extra viel Zucker, Süßigkeiten und Naschereien ohne Ende – Die Liste lässt sich ewig fortführen. Es schmeckte aber auch einfach alles zu gut bei ihr. Außerdem wäre meine Oma beleidigt gewesen, wenn ich bei ihr nicht gegessen hätte. Egal wie deftig oder süß das Essen war: Es musste ordentlich viel davon im Magen verschwinden. Reibe-Datschi-Wettessen mit meiner Schwester? Kein Problem: 10 Stück gehen da auf alle Fälle, natürlich triefen diese nur so von Fett. Kakao mit zusätzlichem Zucker? Ebenfalls kein Problem. Limo? Schmeckt doch richtig gut vor allem ausschließlich Limo und niemals Wasser. Aus diesem Grunde stieg mein Gewicht stetig an. Am Anfang natürlich schleichend, da jeder die überschüssigen Pfunde auf den Babyspeck schob, der irgendwann einmal im Laufe der Kindheit verschwindet - normalerweise. Bei mir – wie sich herausstellte – eher nicht.

Wir spielten schon immer sehr viel draußen an der frischen Luft, rannten den ganzen Tag umher, fuhren gerne Fahrrad oder unternahmen mit Opa kleinere und größere Wanderungen. Trotzdem nahm ich zu und zu und zu. Ich hatte schlicht und ergreifend zu viel auf den Hüften, da ich mehr Kalorien zu mir nahm wie ich wirklich verbrannte. Umso mehr ich mich zu Bewegen schien, umso mehr aß ich auch.

Wie bereits erwähnt, war es während meiner Kindergarten-Zeit nicht tragisch. Dort hatte ich meine Freunde und Spielkameraden und mein bisschen Übergewicht fiel noch nicht so stark auf. Ich ging gerne hin. Konnte ich aus gesundheitlichen Gründen einmal nicht in den Kindergarten war ich richtig enttäuscht und traurig. Ich mochte nicht nur meine Gruppe, sondern auch die Erzieherinnen. Das Busfahren war ebenfalls immer witzig, vor allem beim Busfahrer Hubert, der gerne unsere Lieblings-Kinderlieder lautstark abspielte. Der Klassiker Heidi lief da oftmals rauf und runter. Die richtigen Probleme und Mobbing-Attacken erwarteten mich kurz nach der Einschulung im Zuge der ersten Klasse der Grundschule.

Da ich ursprünglich aus einem kleinen Dorf komme, ist es verständlich, dass jeder jeden kennt. So kam ich mit vielen Kindern in die Klasse, die ich bereits vom Kindergarten oder vom Dorfleben her kannte. Bereits zu dem Zeitpunkt zeichnete sich die Ausgrenzungen meiner Familie ab. Meine Schwester, die zu diesem Zeitpunkt bereits zur Schule ging, hatte leider sehr stark mit

Mobbing zu tun und sie konnte sich nicht wehren. Leider färbte dies nun auf mich, ihre kleine Schwester ab.

Eines ist so sicher wie das Amen in der Kirche: Kinder können richtig unfair und vor allem grausam gegeneinander sein.

Zu Beginn freute ich mich auf die Schule. Sie stand für mich für einen neuen Lebens-Abschnitt. Endlich durfte ich lesen, schreiben und rechnen lernen. Mir Wissen aneignen und einsetzten. Dies änderte sich jedoch schneller als mir lieb war.

Meinen Eltern gegenüber verschwieg ich erfolgreich das Mobbing. Bis heute kennen sie nicht das vollständige Ausmaß davon oder wie sehr ich wirklich gelitten habe. Sie können es erahnen – Gerade meine Mama, zu der ich ein sehr gutes Verhältnis habe. Trotzdem kann und konnte ich mit ihr nicht über meine Probleme reden. Irgendwie schämte ich mich auch dafür.

Irgendwann wollte ich einfach nicht mehr in die Schule und fraß den Frust förmlich in mich hinein. Jeder neue Schultag machte mir Angst. Jede einzelne Busfahrt war die reinste Tortur. Jeder Gang ins Klassenzimmer und gerade die Pausen waren die reinste Hölle für mich. Diese Angst vor dem Schultag lässt sich nicht mit Worten beschreiben. Es lief mir eiskalt den Rücken hinunter zu Wissen wieder neuen Attacken ausgesetzt zu sein. Was mir half trotzdem den Ort des Grauens zu betreten, war das Lernen an sich und vor allem die Tatsache meinen Eltern keine Sorgen zu bereiten.

Begonnen hat die Angst mit einem leichten, flauen Gefühl im Magen. Dieses entwickelte sich stetig weiter bis zu einer richtigen Panik. Ja so lässt es sich am besten beschreiben: Ich hatte Panik vor jedem neuen Schultag. Vor jede Konfrontation mit anderen Schülern. Ich wollte mich nur noch vor den anderen verstecken, aber dennoch ertrug ich die Tatsache einfach schweigend weiter.

Hinzu gesellte sich die Sorge, anderen durch meine Probleme ebenfalls Probleme zu bereiten. Gerade meinen Eltern konnte ich schlecht noch mehr zumuten und ihnen zur Last fallen. Sie machten sich zu diesem Zeitpunkt bereits genügend Sorgen um meine Schwester. Zudem hatten sie unter der Woche nur wenig Zeit für uns Kinder. Papa arbeitete Dauernachtschicht, um nachmittags die Zeit mit uns verbringen zu können. So zumindest der Plan, da für mich nur wenig, bis gar keine Zeit übrigblieb. Schließlich forderte meine Schwester die gesamte Aufmerksamkeit, vor allem bei den Hausaufgaben. Meine Schwester lernte nämlich nicht gerne, bockte jeden Tag und die Hausaufgaben zogen sich endlos in die Länge. Mama war einfach froh etwas Ruhe zu haben und überhaupt das Kochen zu schaffen, da sie bis 17 Uhr arbeiten war.

Meine Eltern gingen beide Vollzeit arbeiten. Genauer gesagt mussten beide Vollzeit arbeiten, auch wenn Mama bestimmt lieber mehr bei uns zu Hause gewesen wäre. Aber sie hatten einen Hauskredit abzubezahlen und sie wollten uns ein bisschen was „bieten" wie Urlaub und Spielzeug zum

Geburtstag bzw. Weihnachten. Dabei kam die Familienzeit einfach oftmals viel zu kurz, genauso wie die notwendigen Kuschelzeiten. Ich bin mir sicher, meine Eltern fiel das Schwer und meine Mama hätte sich bestimmt viel mehr Zeit mit uns gewünscht, aber es ging zu dieser Zeit einfach finanziell nicht. Sie taten beide ihr Bestes, damit es uns gut geht und es uns an nichts fehlt. Dafür bin ich sehr, sehr dankbar und auch ein bisschen stolz über das, was sie in all den Jahren auf die Beine gestellt haben. Ansonsten würde ich heute nicht da stehen, wo ich stehe – Mit einer sehr guten Ausbildung und allen Chancen des Lebens. Trotzdem fehlte mir immer etwas. Nichts Materielles, sondern eben die Familie, die Liebe.

Ich lernte schnell mich selbst zu beschäftigen und begann einen entscheidenden Fehler. Ich schwieg. Ich verschwieg meine Sorgen, meine Probleme und meine Ängste. Ich blieb einfach starr in der Rolle, die mir aufgedrängt wurde. Irgendwann wurde ich auch einfach Handlungsunfähig aus Angst, alles nur noch schlimmer zu machen.

Die erste Klasse stellte noch die einigermaßen „harmlose" Schulzeit dar. Lediglich ein Klassenkamerad meiner großen Schwester übertrieb es beim Busfahren. Mir wurde seitens ihm immer ein Bein gestellt, sobald ich ein- oder ausstieg. Jeden Tag aufs Neue das gleiche Spiel. Mit meinen zarten sechs Jahren hatte ich allerdings noch etwas mehr Mut und traute mich irgendwann den Mund aufzumachen und mich einer einzigen Person anzuvertrauen. Zu dieser Zeit war meine Klassenlehrerin einfach ein Goldschatz und ich mochte sie richtig gerne. Sie war eine der wenigen Personen, der ich neben meinen Eltern und meiner Oma, wirklich vertraute. Sie blieb immer ruhig und sachlich. Hörte sich in Ruhe alle Probleme an und versuchte diese friedlich zu lösen. Deswegen berichtete ich ihr mein Dilemma mit den Busfahrten. Sie nahm sich den entsprechenden Jungen zur Seite. Natürlich stritt er alles ab. Da mich meine Klassenlehrerin aber sehr gut kannte meinte sie nur: „Ich glaube nicht, dass meine Schülerin lügt." Damit war die Sache erledigt und der Junge war seit dem Zeitpunkt sehr freundlich zu mir und auch zu meiner Schwester.

Inständig hoffte ich, damit wäre die Sache ein für alle Mal erledigt, abgehakt, beendet. Dem war nicht so. Das Mobben meiner Schwester nahm immer mehr zu und schwappte anschließend vollständig zu mir über.

Ich wurde in meiner eigenen Klasse selbst nicht gehänselt. Vielmehr war ich da bereits immer die brave, ruhige Schülerin, die immer wieder versetzt wurde. Ich musste oft meinen Platz wechseln, da mich die Lehrer/innen gerne neben den Klassenclowns platzierten, um mehr Ruhe in die Klasse zu bekommen. Damit saß ich sehr oft einfach neben den Jungs und konnte mit den Mädels nur sehr schwer Freundschaften schließen.

Geärgert wurde ich dann immer mehr von den Klassenkameraden meiner großen Schwester. Alle waren größer und vor allem drei bis vier Jahre älter als ich. Angefangen hat es – glaube ich – erneut mit den Busfahrten und körperlichen Attacken in Form von Schlägen. Irgendwann wurden dann die Pausen zu meiner Hölle. Die Gründe für das Mobbing verstehe ich bis heute nicht. Nur dass es nicht bei verbalen Attacken blieb, sondern auch körperliche Folgen gab, die mich bis heute seelisch, aber auch gesundheitlich beeinträchtigen.

Das Dickerchen Ich

Es schiens so, als würde ich mit jedem Jahr nicht nur Älter, sondern auch Dicker werden. Das Gewicht stieg kontinuierlich und stetig an. Ironischerweise war die Gewichtszunahme zu dieser Zeit wahrscheinlich das einzige Konstante. Zu dem eh bereits viel zu viel essen gesellte sich nun auch das typische Frust-Essen. Damit einhergehend verschlimmerten sich die Mobbing-Attacken in der Schule. Es entstand ein ewiger Kreislauf, den ich Jahrelang nicht durchbrechen konnte. In der vierten Klasse erreichte das Mobbing schließlich seinen absoluten Höhepunkt.

Bis dato passierten eher vermeintliche Kleinigkeiten. Oder besser gesagt ich gewöhnte mich an die Angriffe. Hänseleien aufgrund des Gewichtes und der Abstammung einer bestimmten Familie aus dem kleinen Dorf gehörten zur Tagesordnung. Ich gewöhnte mich sogar an die Schulterschläge beim Ein- und Aussteigen in den Schulbus, obwohl mir diese immer mehr Schmerzen und vor allem Schulterprobleme bescherten.

In der dritten Klasse begann ich mich richtig unwohl zu fühlen. Dick und allein. Deshalb entwickelte ich nach und nach das Bedürfnis zu den schlanken Kindern zu zählen. Dabei handelte es sich immer mehr um einen Wunsch, der von selbst in Erfüllung gehen sollte und nicht um ein klares Ziel, welches mein eigenes Eingreifen benötigen würde. Ein sehr halbherziger Wunsch, der erstmal nie in Erfüllung ging. Im Endeffekt führte der Wunsch zu rein gar nichts als bemitleidende Blicke meiner Klassenkameraden. Sie nahmen mich nicht ernst. Wie denn auch? Ich tat es ja auch nicht. Ich glaubte selbst nicht daran, mehr Sport zu machen, einem Fußballverein beizutreten und vor allem Schlank zu sein.

Der Frust steigerte sich, als ich mir ein Herz fasste und mit meinen Eltern über ein sportliches Ziel sprach. Ich wollte unbedingt Fußball spielen. Ich weiß nicht warum, aber ich war immer schon nicht ganz typisch Mädchen. Meine Eltern meinten auch sehr oft zu mir: „An dir ging ein Junge verloren". Ich interessierte mich mehr für Handwerkliche Aufgaben und vor allem für Fußball. Deshalb wollte ich unbedingt Fußball spielen. Der einzige Sport, der mich zu dieser Zeit wirklich interessierte. Dies wurde mir dann aber gewissermaßen verboten. Ja ich war enttäuscht und traurig, auch wenn ich die Argumente meiner Eltern verstand. Zum einen hätte ich niemals mit den anderen Kindern mithalten können, da es mir an Kondition fehlte und ich mein Gewicht ja auch noch mit rumziehen hätte müssen. Zum anderen waren Mädchenmannschaften zu dieser Zeit noch sehr rar verteilt. Zum Training hätten mich meine Eltern ca. 30 Minuten weiter entfernt fahren müssen, hinzu wären die Spiele gekommen. Da bereits meine Schwester einige Jahre Fußball spielte, durfte ich nicht. Meine Eltern wollten sich schlicht und ergreifend die Fahrerei ersparen, vor allem, nachdem meine Schwester wachstumsbedingt aufhören musste. Sie hatten aufgrund der Arbeit eh weniger Zeit und dann nochmal wegen Fußball die Fahrerei? Nein Danke, hieß es. Ich sollte mir lieber etwas anders suchen, was mehr in der Nähe läge. Auch wenn ich die Gründe durchaus nachvollziehen kann und konnte, fand ich diese Entscheidung einfach ungerecht. Es machte mich wahnsinnig Traurig, da ich wirklich unbedingt dieser Sportart nachgehen wollte. Damit wurde mir sehr früh ein Traum genommen an den ich sogar Spaß und Freude, vielleicht auch mehr Freundinnen gehabt hätte. Und ganz ehrlich: Regelmäßig Sport mit einer gesünderen Ernährung hätte mir zu diesem Zeitpunkt alles andere als geschadet. Vielmehr hätte sich dadurch vielleicht das Schlimmste sogar noch abwenden können.

Somit machte ich also weiter wie bisher. Ok, es wurde sogar noch schlimmer wie bisher. Kein regelmäßiger Sport außer dem typischen Schulsport und ungesunde Ernährung mit sehr viel Süßigkeiten. Für mich machte es auch keinen Sinn etwas zu ändern, da ich ja keinerlei Kondition brauchte. Einen Unterschied gab es jedoch: Ich schottete mich zunehmend ab, aß und zog mich noch mehr zurück. Nicht nur aus dem Dorfleben und die Spiele-Verabredungen, sondern auch von der Klasse. Ich zog mich nach und nach einfach zurück in meine eigene Welt. Eine Welt, die ich mir selbst erschaffen habe. Dies bedeutete ich wirkte auf andere ruhig, schüchtern und vor allem zurückhaltend. Später in meinem Leben wurde diese Zurückhaltung mit Arroganz verwechselt.

Im Zeugnis äußerte sich das mit der Bemerkung: „Dem Unterricht folgte sie interessiert und war stets bemüht." Dies Hieß im Endeffekt: Ich hörte zu, aber meldete mich kaum bis gar nicht zu Wort. Viel schlimmer: Wurde ich aufgerufen, kannte ich zwar sehr oft die Antwort, brachte diese jedoch nie über die Lippen und schwieg einfach. Wurde ich vor der Klasse vom Lehrer oder der Lehrerin aufgerufen, streikte mein Wortschatz. Alles sperrte sich in mir und ich brachte keinerlei Ton heraus.

Dies brachte nun einen weiteren Angriffspunkt mit sich. Sowohl meine Klassenkameraden als auch die älteren Jungs merkten, dass ich als Mauerblümchen agierte. Demnach würde ich mich auch nicht zur Wehr setzen wollen und auch nicht können. Ich war in ihren Augen das perfekte Opfer. Ein Opfer, welches emotional angreifbar ist. Ein Opfer, welches sich bis heute alles viel zu sehr zu Herzen und persönlich nimmt, auch wenn es oftmals nicht einmal persönlich gemeint ist. Nachwirkungen, die ich bis heute mit mir trage.

Du Opfer

Der Schulalltag wurde für mich immer mehr zur Belastung und zur Hölle. Morgens beim Einsteigen in den Bus ging es bereits los und hörte erst nachmittags auf, als ich sicher zu Hause ankam. Die Begrüßung, welche mich am Morgen im Bus erwartete, erfolgte – wie nicht anders zu erwarten – von einem Klassenkameraden meiner Schwester. Sobald ich an seinem Sitzplatz vorbeikam, traf mich ein Schlag mit der Faust direkt auf die Schulter. In den meisten Fällen auf die Rechte Seite. Jeden bescheuerten neuen Tag dasselbe Spiel. Immer wieder der Schlag. Es tat weh und schmerzte, da es sich dabei um keine leichten Schläge handelte. Ich hätte sogar weinen können, da die Schmerzen in der Schulter immer mehr wurden. Am liebsten hätte ich einfach zurückgeschlagen. Ich konnte es aber nicht. Stattdessen schluckte ich die Tränen und den Schmerz hinunter. Ich schwieg wie sonst auch. Immer mit der leisen Hoffnung es hört irgendwann auf. Tat es aber nicht. Zumindest nicht, solange ich mit dem Kerl auf dieselbe Schule ging. Bei der Heimfahrt fand das Spiel leider auch statt. Erneut traf mich jeden Tag die Faust.

Eines weiß ich heute jedoch: Karma ist eine Bitch. Das, was er mir an Leid zugetragen hatte, musste er selbst einstecken. Er bekam eines Tages selbst eine direkt aufs Ohr gedonnert und erlitt einen Gehörsturz. Ich kann jetzt nicht gerade behaupten, dass ich hier Mitleid gehabt hätte. Vielmehr war es für mich in diesem Moment eine Genugtuung.

Auch wenn ich mich selbst für meine Schaden-
freude schämte. Irgendwann bekommt jeder das
zurück, was er verdient. Ich dachte mir nur: „Jetzt
weißt du einmal, wie es ist, geschlagen und gede-
mütigt zu werden. Opfer von einer Attacke zu
sein."

Hat diese handgreifliche Attacke gegen mich Spuren hinterlassen? Leider ja. Dabei handelt es sich
nicht nur um Seelische Narben. Nein auch körper-
lich leide ich bis heute darunter. Taschen und
Rucksäcke kann ich nicht allzu lange tragen. Nach
einiger Zeit schmerzt die Schulter, sogar wenn sich
so gut wie kein darin Inhalt befindet. Dies bemerkte ich bereits in der Schule an den Wanderta-
gen. Nach ca. 1 bis 2 Stunden begannen die
Schmerzen und ich wusste nicht mal mehr, wie ich
meinen Rucksack weitertragen soll. Auch heute ist
dem noch so. Deswegen verzichte ich gerne auf
Wanderungen, an denen Brotzeit benötigt wird
oder ich Taschen einfach sehr lange tragen muss.

Seit meiner neu entdeckten Leidenschaft für Sport
und die Natur würde ich natürlich gerne Wanderungen unternehmen oder einfach einmal die Zug-
spitze erklimmen. Ein weiterer Punkt, der mich persönlich triggert, wäre eine Alpenüberquerung.
Aber: Ich traue mich nicht. Ich vertraue mir und
meinem Körper nicht. Kann ich die Schmerzen
aushalten oder nicht? Besitze ich überhaupt die
notwendige Kondition? Das frage ich mich seit den
Schlägen fast täglich. Und es wird mich sicherlich
noch eine Zeitlang verfolgen.

Leider waren diese körperlichen Attacken nicht die einzigen, die mich zum Opfer werden ließen. Viel schlimmer noch sollten die seelischen Grausamkeiten sein, die bereits im Dorf auf uns warteten. Die direkten Attacken gingen dabei mehr in Richtung meiner Schwester, aber ich bekam die Ausläufe davon sehr wohl mit.

Falsche Familie, Falscher Nachname

Dorfleben ist schön, haben sie gesagt. Dorfleben ist idyllisch, haben sie gesagt. Und ein Dorf hält zusammen, haben sie gesagt.

Bitte nicht falsch verstehen, ich liebte es wirklich ländlich aufzuwachsen. Wir konnten jeden Tag raus an die frische Luft und ein paar wenige Gehminuten entfernt begann bereits der Feldweg. Gerade die Wanderungen mit Opa mochten wir als Kinder sehr gerne. Im Sommer gab es nichts Schöneres für mich als die Bauern bei der Ernte zu zusehen, die Traktorgeräusche und der Geruch nach frisch gemähtem Gras oder Heu.

Dorfleben sollte etwas Schönes und besonderes sein. Bei uns wurde das Leben auf dem Land jedoch überschattet. Überschattet von Ausgrenzungen. Nicht selten wurden und werden wir auch heute noch ausgelacht oder für Dumm erklärt.

Natürlich hatte ich auch die eine oder andere Freundin – Dito meine Schwester, aber eher wenige. Besser gesagt nie mehr als eine oder zwei. Leider gingen diese Freundschaften sehr schnell auseinander. Ein Grund hierfür war bei mir der Schulwechsel nach der vierten Klasse, ein anderer Grund der Ausschluss aus der Dorfgemeinschaft. Ein Dorf lebt von seinen Vereinen und dem Zusammenhalt. Nach außen hin wirkt es sehr oft harmonisch und idyllisch. Jedoch kann und ist das Landleben oftmals doch sehr hart. Meine Schwester und ich waren und sind auch nicht die Einzigen, die niemals richtig Anschluss gefunden haben, obwohl wir von Geburt an dort lebten.

Der Grund dafür ist im Nachhinein richtig lachhaft, denn wir konnten nicht mal etwas für die Tatsache. Allein unsere Abstammung und unser Nachname trugen dazu bei, bei den Gleichaltrigen keine Freunde zu finden. Traurig, aber leider sehr wahre Realität. Wobei ich es noch besser hatte als meine Schwester. Diese wurde aktiv attackiert, während ich einfach nur ausgegrenzt wurde.

Mein Opa zog damals von München in das kleine beschauliche Dorf zu seinem Großvater, als dessen Sohn im zweiten Weltkrieg verschwand. Bedeutet mein Papa ist bereits in dem Dorf geboren und groß geworden, schloss sich hiesigen Vereinen an und baute schließlich zusammen mit meiner Mama ein Haus. So lebte die Familie praktisch schon seit vielen Generationen auf dem Land und brachten sich in Vereinen mit ein, pflegten die Nachbarschaft und gerade Oma und Mama redeten mit jedem freundlich. Warum wir dennoch so ausgeschlossen worden sind, ist mir bis heute ein Rätsel.

Wie es oftmals so ist, treten die Kinder automatisch in die Vereine mit ein, in denen die Eltern sind. Bedeutet: Wir waren sehr schnell im Schützenverein mehr oder weniger aktiv. Am Anfang machte es mir sogar noch Spaß, obwohl ich nicht behaupten kann eine gute Schützin zu sein. Trotzdem fand ich auch dort nie richtig Anschluss und mir wurde das Schießen auch nie richtig beigebracht – Zumindest das Schießen ohne

Gewehrauflegen ab dem Elften Lebensjahr. Deswegen begann ich, irgendwann nicht mehr ins Training zu gehen. Es macht auch keinem Spaß einer Tradition nachzugehen, zu der man selbst keinerlei Talent hat. Dafür konnte ich andere Dinge einfach besser. Leider waren diese nicht gerade nützlich, um Freundschaften zu schließen. Zum Malen, Basteln, Handwerken und lesen braucht man keine Freunde. Das sind alles Dinge, die ich als Kind prima allein hinbekommen habe.

Ein neuer Versuch Kontakte zu knüpfen, stellte das Ministrieren da. Nach der Kommunion meiner Schwester wurde bei uns endlich eingeführt, dass auch Mädchen dem Ministranten-Dienst übernehmen dürfen. Ehrlich gesagt war das längst überfällig. Natürlich kam meine Schwester dieser Aufforderung nach und auch ich beschloss sofort nach meiner eigenen Kommunion zu ministrieren. Schließlich fanden für uns Ministranten-Ausflüge statt und es wurde auch so einiges geboten wie Osternestsuche, etc. Leider fühlte ich mich auch hier unwohl. Vielleicht auch, weil ich den Ministranten-Dienst wirklich ernst nahm und wirklich zum Beten in die Kirche ging. Andere dagegen gingen, um gesehen zu werden oder weil sie schlicht und ergreifend in die Kirche gehen mussten.

Erinnern kann ich mich in der Tat sogar nur an einen wirklichen Ministranten-Ausflug, bei dem ich dabei war. Und dabei schämte ich mich bereits etwas für meine Figur, da es in ein Spaßbad ging. Zudem hatte ich – bis auf meine große Schwester – niemanden mit dem ich mich wirklich gut verstand. Eine einzige gemeinsame Freundin hatten wir zu dieser Zeit. Sie sollte mich später jedoch auch enttäuschen und mir in den Rücken fallen.

So ganz ohne Freunde, machte mir schließlich der Ministranten-Dienst auch keinen Spaß mehr. Trotzdem übernahm ich die Aufgabe weiterhin, da ich meine streng Katholische Oma nicht enttäuschen wollte. Da ich ohnehin mit ihr zur Kirche gehen sollte oder auch musste, konnte ich auch gleich ministrieren.

Zudem war die Einteilung richtig unfair. Ich wurde grundsätzlich unter der Woche zum Ministrieren eingeteilt, da hier ja nur die ältere Generation in die Kirche ging. Es war also nicht wichtig gesehen zu werden. Andere ministrierten grundsätzlich nur an den Wochenenden, da sie da in die Kirche gehen mussten. Hier lautete die Devise: Gesehen und gesehen werden. Kein Sonntag ohne Kirche. So ist nun mal das Landleben. Das nahm auch meine Oma sehr genau. Deswegen war ich sehr oft zweimal in der Kirche. Einmal als Ministrantin und einmal als braves Mädchen. Die zweite Ungerechtigkeit ergab sich aus dem eingeführten Punktesystem. Für jeden erfolgreich absolvierten Einsatz gab es einen grünen Punkt, für jedes Fehlen ohne Ersatz einen roten. Nach Ablauf eines Jahres erhielten diejenigen mit vierzig Punkten eine Krippenfigur. Zudem gab es Figuren an Ostern und Heilige-Drei-Könige – Vorausgesetzt man beteiligte sich beim Gang durch das Dorf als die drei Könige. Die vierzig Punkte erreichte ich nie, da ich nur selten bzw. nur unter der Woche oder wenn sonst keiner Zeit und Lust hatte, eingeteilt wurde. Fand ich jetzt nicht allzu tragisch, da man mich noch nie mit Materiellen locken konnte, aber es war trotzdem unfair.

Dies zeigte sich auch bei den wenigen Hochzeiten, Taufen oder Beerdigungen. Dort waren eigentlich immer dieselben dran. Kein Wunder: Besondere Anlässe wie diese, waren bei bestimmten Personen aus zweierlei Hinsicht beliebt. Zum einen gab es hierfür wertvolle Grüne Punkte und zum anderen Geld für die eigene Tasche oder eine Einladung zum Essen.

Am Anfang bekam ich das gar nicht so mit warum sich dabei immer die Gleichen ums Ministrieren stritten, bis ich wirklich dahinterkam, wie unfair hier eingeteilt wurde. Richtung Ende meiner Realschulzeit nahm ich mir ein Herz und bat, mich nicht mehr mittwochs einzuteilen, da ich genügend für die Schule zu tun hatte und den Abend einfach für mich und den Vorbereitungen brauchte. Dieser Wunsch wurde einfach ignoriert, als gab es ihn niemals, obwohl ich sogar den Zettel den Oberministranten zukommen ließ, wann ich kann und wann nicht. Nach mehrmaligen Bitten – auch seitens meiner Mama – wurde ich trotzdem weiterhin eingeteilt und das so gut wie fast jeden Mittwoch, da sonst ja keiner wollte. Dies führte bei mir nicht nur zum Unverständnis, sondern ich entschloss mich den Ministranten-Dienst niederzulegen. Ab und an mittwochs so einmal im Monat hätte ich sogar hingenommen, aber immer? Nein.

Der Pfarrer nahm mir das Aufhören sehr übel. Seine Worte klingen mir heute noch in den Ohren: Das Lernen und die Schule sind nicht so wichtig, wie der Dienst Gottes. Lernen kannst du davor oder danach auch noch. Na klar, wenn die Kirche um acht Uhr abends zu Ende ist, habe ich ja auch noch richtig Lust zu lernen. Vor allem wenn ich vor der Kirche bereits Hausaufgaben gemacht habe und evtl. sogar noch Nachmittagsunterricht hatte und eh später nach Hause gekommen bin. Der Herr Pfarrer, konnte mich mit dem Verhalten und mit dieser Aussage auch gar nicht mehr umstimmen. Vielmehr bestärkte er mich in meiner Entscheidung. Anschließend redete er kein Wort mehr mit mir und tat am Ende der Osternacht beim Übergeben des Osterbrotes, als würde er mich nicht kennen. Ja er redete mich sogar mit „Sie" an. Für mich ein komisches Verhalten eines Pfarrers, der seine Herde doch in die Kirche bringen sollte und nicht davon weg.

Den Höhepunkt der Ausgrenzung aufgrund des Nachnamens, war erreicht als es um den Eintritt in die Landjugend ging. Darauf wartet so gut wie jedes Dorfkind. Endlich zu den Großen zu gehören und der Landjugend beitreten zu dürfen. Den Anfang machte meine ältere Schwester. Sie trat der Tradition zuliebe der Landjugend bei – wie sich herausstellte ein riesiger Fehler.

Tradition hin oder her, ich lehnte wenige Jahre später eiskalt ab, als es bei mir so weit war. Ich fand weder im Schützenverein noch als Ministrantin Anschluss, warum sollte es nun bei der

Landjugend anders sein? Eher weniger. Ich sah ja bereits bei meiner Schwester, dass sie nur den Beitrag blechte, aber nie wirklich zu einer Veranstaltung ging, da sie dort ausgegrenzt oder schlimmeres wurde. Anschluss zu finden, viel uns beiden denkbar schwer. Als dann auch noch das Mobbing zunahm, sah sie keinerlei Gründe mehr aktiv am Landjugend-Leben teilzunehmen. Verständlich. Die Krone saß dem Ganzen ein Junge auf, der zu meiner Schwester meinte: „Wenn eine xxx bei der Landjugend Mitglied ist, muss man sich schämen."

Was wäre erst wenn zwei mit am Start sind? Kann sich die Landjugend dann nirgends mehr blicken lassen? Also blieb ich dem ganzen einfach freiwillig fern. Dennoch verletzte mich die Aussage mehr als ich jemals zugegeben hätte, schließlich bin ich Traditionsbewusst. Ursprünglich hatte ich vor der Landjugend als aktives Mitglied beizutreten und mich mit einzubringen. Als es dann so weit war, zerplatzte gerade mit der einen Aussage alles, was ich mir vorgenommen hatte. Ich lehnte einerseits leichten Herzens andererseits schweren Herzens lieber ab.

Von damals fünf Jugendlichen, die Beitreten konnten, kamen nur drei der Bitte nach. Wir, die anderen beiden, hatten zu diesem Zeitpunkt sichtlich Probleme Anschluss zu finden und sahen es beide unabhängig voneinander nicht ein, der Bitte nachzugeben. Nicht einmal als uns zwei Landjungendvertreter persönlich aufsuchten, um uns noch einmal für die Landjungend zu werben. Das „Nein" kam mir zwar schwer über die Lippen, aber im

Nachhinein war ich richtig stolz auf mich. Stolz Nein gesagt zu haben, stolz auf meinen Bauch und mein Gefühl gehört zu haben, stolz mich das erste Mal ein bisschen gewehrt zu haben uns stolz einer neuen Enttäuschung entgangen zu sein.

Sind wir doch mal ehrlich: Ich bzw. zu diesem Zeitpunkt eher meine Eltern hätten einen Beitrag für nichts und wieder nichts bezahlt. Ok, sie hätten Beitrag gezahlt, damit ich auch noch seelenruhig gemobbt werden hätte können. Und ich? Wäre ziemlich schnell nicht mehr zu den Treffen gegangen und hätte mich auch nicht aktiv beteiligt. Dort hätte ich, so wie im gesamten Dorf, keinen einzigen Ansprechpartner, keine Freundin oder keinen Freund gehabt. Niemanden hätte ich an meiner Seite gewusst, außer meine große Schwester. Dann wären wir beide gemeinsam einsam gewesen.

Ich bin mir zu einhundert Prozent sicher, dass ich mich mit einigen aus dem Dorf sehr gut anfreunden hätte können. Wir uns verstanden hätten. Trotzdem hätten und haben sie den Kontakt vermieden. Wahrscheinlich aus Angst, selbst ausgegrenzt, ausgelacht und gemobbt zu werden. Es ist doch niemand „so blöd" die eigene Ausgrenzung für andere zu riskieren. Das will doch niemand. Das schlimme ist, ich kann es ihnen heute nicht mehr verübeln. Kinder und Jugendliche, aber auch Erwachsene können grausam sein. Gerade unter dem Druck des sogenannten Gruppenzwanges. Niemand traut sich gegen die Anführer einer Gruppe zu sprechen oder zu handeln. Dies ist auf einem Dorf sehr deutlich spürbar. Die Ausgeschlossenen sind die Deppen, die Ausgegrenzten, die fast nichts dagegen tun können. Außer vielleicht sich zu wehren und niemals die Hoffnung aufzugeben doch einmal akzeptiert, respektiert und mit aufgenommen zu werden. Immer mit dem Wissen, dass es sich dabei nur um eine Hoffnung handelt, die so gut wie niemals eintreffen wird, außer jemand innerhalb der Gruppe stellt sich mit Absicht gegen die ungeschriebenen Gesetze einer Gruppe. Und wenn jemand nur wegen seiner Abstammung ausgegrenzt wird, stellt sich niemand gegen die Anführer, gegen die Antreiber und gegen die Mobber. Lieber hält man sich selbst außerhalb der Schussbahn auf, um nicht selbst ins Visier zu geraten – Das kann ich keinem anderen verübeln, da ich wahrscheinlich als Kind bzw. Teenager genauso gehandelt hätte.

Zugezogen – Willkommen Neuling

Ein weiterer Wiederspruch an sich begleitete meine ganze Kindheit. So hatten wir es als Einheimische sehr oft schwerer als zugezogene Menschen. Und das in einem Dorf, welches doch für den Zusammenhalt untereinander warb. Ja im ersten Moment klingt es komisch, da eine Dorfgemeinschaft für Alteingesessene steht. Aber genau dies ist ja bei uns niemals der Fall gewesen. Wir wurden von vornherein abgelehnt ohne, dass die anderen uns wirklich kannten.

So fand ich nie Anschluss, in Gegensatz zu später Zugezogene. Sie konnten sich gerade über die Landjugend sehr schnell integrieren und Freundschaften schließen. Oft fragte ich mich, was diese Personen anders machten. Warum wurden sie akzeptiert und wir nicht? Was war an uns „falsch"?

Klar gab es auch hier Ausnahmen. Ich erinnere mich noch gut an ein Geschwisterpaar, welche eine Zeitlang im Pfarrhof bei uns wohnten. Wir verstanden uns super mit den beiden. Lag aber auch sehr viel daran, dass sie selbst ausgegrenzt wurden und ich mit „ausgegrenzten" Kindern natürlich viel besser zu Recht kam, da es mich selbst betraf. Zudem waren das Mädchen und der Junge einfach total nett und wir verstanden uns auf Anhieb prima. Ja, für eine kurze Zeit lang hatten wir Freunde, wirkliche Freunde.

Leider währte die Freude darüber nicht sehr lange, denn diese Familie wurde vom Dorfleben regelrecht ausgeschlossen und abgelehnt. Hier lag der Grund einfach am Beruf des Vaters, der in der Kirche half, Kommunion zu Verteilen und Wortgottesdienste zu halten. Er durfte Frau und Kinder trotz des katholischen Glaubens haben, da er ja kein Pfarrer war, sondern „nur" Messdiener. Dies stoß bei vielen auf. Für sie galt nur der Pfarrer etwas und ein verheirateter Messdiener ging überhaupt nicht. Gerade die ältere Generation machte der Familie das Leben schwer. Dies übertrug sich automatisch auf Kinder, welche mit den Leidtragenden waren. Somit wurden die beiden vom überwiegenden Teil abgelehnt, nur weil sie nicht in die Weltanschauung der Leute passten. Ein Grund mehr, warum wir uns mit ihnen sehr gut verstanden. Wir kannten die Problematik der Ablehnung, der Ausgrenzung.

Nur wenige Jahre später wurde der Vater versetzt und die Familie zog schließlich weg. Es gab zu viele Beschwerden im Bistum. Leider brach in diesem Zuge der Kontakt ab. Schade für uns Kinder.

Andere wiederum konnten sich gut der Dorfgemeinschaft anschließen. Wurden zum Fasching mit auf die Umzüge genommen, etc. Es reichte schließlich von nur einem akzeptiert zu werden, um in der Gruppe Fuß zu fassen. Wurden also wieder erwarten doch einmal neue Häuser frei und es zogen Mieter mit Kindern ein, so fanden diese t etwas Glück, sehr schnell Anschluss und neue Freunde.

Der Übertritt naht

Die Zeit in der vierten Klasse stand an und damit die Entscheidung auf eine weiterführende Schule überzutreten oder schlicht und ergreifend auf der Hauptschule zu bleiben. Hätte mich damals meine Patentante nicht darauf aufmerksam gemacht, wäre ich wahrscheinlich auf der Hauptschule versauert. Ich mauserte mich immer mehr zum schüchternen, stillen Streber und hatte dementsprechend den notwendigen Notdurchschnitt für einen Schulwechsel.

Im Nachhinein bin ich richtig froh, dass mich meine Tante bat, zumindest auf eine Realschule zu gehen, obwohl der Durchschnitt ebenso gut für das Gymnasium gereicht hätte. Warum? Ganz einfach: Die vierte Klasse war für mich die reinste Tortur. Schlimmer ging es schon fast gar nicht mehr.

Die Mobbing-Attacken nahmen nicht nur bei meiner Schwester zu, sondern griffen ständig auf mich über. Teilweise aber nicht nur von den älteren Schülern. Das Fass zum Überlaufen war eine Pause am Vormittag. Die Hänseleien waren schlicht und ergreifend nicht zu ertragen. Die Pausenaufsicht ignorierte dies mit Erfolg. Niemand an der ach so großartigen Schule wollte zugeben, dass es massive Mobbing- und Drogenprobleme gab. Darin war die Schule nämlich sehr gut. Sie konnten wegsehen, die Augen verschließen oder alles einfach verharmlosen. Ist alles halb so schlimm, die kleinen Hänselleien sind doch vollkommen normal unter den Schülern. Derweilen handelte es sich dabei um richtiges Mobbing. Mir wurden Beine gestellt, ich bekam ab und an Schläge ab und am schlimmsten waren die verbalen Attacken mit „Du dicke Sau", „Streberin", etc. In jener besagten Pause brach bei mir ein Damm. Ich fing das Weinen an. Ich konnte einfach nicht mehr. Es war in diesem Moment zu viel. Ich schämte mich für meine Tränen und noch mehr schämte ich mich dafür, mich nicht wehren zu können. Ein Anlass mehr für die älteren Schüler einfach weiterzumachen.

Nachdem die Pausenaufsicht alles ignorierte, kamen mir zum Glück ein paar meiner damaligen Klassenkameraden/-innen zu Hilfe. Hierfür bin ich mehr als dankbar. Sie versuchten so gut es ging mich von den älteren abzuschirmen. Mich zu verteidigen, mich zu beruhigen und mich abzulenken, bis die Pause vorbei ist. Leider funktionierte dies nur Semi-Gut, da ich nicht aufhören konnte zu weinen. Zu diesem Zeitpunkt stellte sich immer mehr heraus, wie sensibel ich war. Es fehlte ab da nicht mehr viel, um mich einzuschüchtern oder mich gar zum Heulen zu bringen.

Mein damaliger Klassenleiter nahm die Sache nach der Pause auf und es hieß, es wird mit den älteren Schülern geredet, aber geholfen hat dies nichts. Seien wir doch mal ehrlich: Was hilft denn das gute Zureden ohne jegliche Art der Konsequenzen? Ganz einfach nichts. Die Attacken gingen weiter.

Ich weiß, dass ich vielen in meiner Klasse in dem Moment nur leidtat. Ja sie hatten Mitleid mit mir, mehr aber auch nicht. Andere wiederum waren einfach nur froh, nicht selbst das Opfer zu sein und wieder andere sprangen auf den Mobbing-Zug mit auf. Ein Mädchen aus meiner Klasse meinte nach dieser einen Pause mich ebenfalls attackieren zu können. Mit Erfolgreichen Aussichten sogar. Hier fasste ich mir erneut ein Herz und redete mit meinem Klassenlehrer. Dies half wenigstens in der Klasse und es herrschte ab da Ruhe unter uns Gleichaltrigen.

Ein kleiner Lichtblick am Ende des Tunnels und damit ein Rettungsanker für mich, an den ich mich täglich klammerte, war der steigende Wunsch an die Realschule wechseln zu können. Ich strengte mich also noch mehr an um den Notendurchschnitt halten oder sogar verbessern zu können.

Dann stand die Entscheidung fest: Ich wollte an die staatliche Realschule. Ich selbst hatte bereits mein Selbstbewusstsein so weit verloren, dass ich mich nicht auf einem Gymnasium sah und es mir auch gar nicht zutraute. Zur weiteren Auswahl stand eine reine Mädchen-Schule. Da ich bereits in der Klasse ab und an die Zickereien mitbekam und wie grausam Mädels untereinander sein können, wollte ich nicht auf diese Schule. Da hätten mich meine Eltern schon reintragen müssen. Meine Mama meinte es gut mit mir und schlug vor, beide Tag der offenen Türen der Realschulen zu besuchen. Meine Antwort war ganz klar: „Mama, wenn dir die Mädchenrealschule so gut gefällt, kannst du gerne allein hinfahren." Mehr gab es zu diesem Thema auch nicht zu besprechen. Wir lachen heute noch darüber, wie felsenfest ich an meinem Standpunkt festhielt.

Mit dieser Entscheidung stand eine weitere fest: Ich musste mir neue Freunde suchen. Die wenigen Klassenkameradinnen, mit denen ich mich sehr gut verstand und ab und an auch privat traf blieben entweder auf der Hauptschule oder wechselten aufs Gymnasium. Bereits bei meinem Jahrgang wuchs der Druck, möglichst aufs Gymi zu gehen, einen guten Abschluss zu machen und dann einen anständigen Job im Büro zu ergattern oder noch besser zu Studieren. Damit brach auch der Kontakt ab, da die Mädchen alle aus Nachbarortschaften kamen und des damit keine weiteren Berührungspunkte privat mehr gab.

Ich sah darin eine neue Chance ohne Vorurteile aufgenommen und akzeptiert zu werden. Meine neuen Klassenkameraden/-innen von mir selbst und meinem Wesen zu überzeugen. Wie gesagt mit dem Übertritt nahte mein persönliches Rettungsanker in der Not. Wenn ich schon im Dorfleben keinen Fuß fassen konnte, dann wenigstens auf einer anderen Schule. Ganz so einfach war dies leider doch nicht. Mobbing und Vorurteile verfolgten mich weiterhin, ohne dass meine Eltern davon jemals was geahnt hätten.

Neues, aufgezwungenes Erscheinungsbild

Ich hatte als Kind immer schönes mittellanges Haar, welches mir bis zu den Schultern reichte. Meine Haare sind auch fast das einzige an mir, das ich schon immer mochte und schön fand. Außer einmal in meinem Leben, nämlich als ich mich überreden ließ, sie kurz zu schneiden. Mit kurz meine ich keinen Bob oder eine freche Kurzhaarfrisur, mit kurz meine ich wirklich kurz, eher so einen typischen Jungen-Haarschnitt. Wie es dazu kam: Ich lies mich überrumpeln und auf mich einreden.

Am Tag meiner Erstkommunion waren sie noch mittellang. Ich liebte diese Länge. Sie verlieh mir trotz extremen Übergewichts noch etwas Mädchenhaftes. Wenn ich schon nicht dünn, sondern dick war, dann wenigsten nicht ganz so jungenhaft. Es reichte schon, dass mir die schönen Mädchen-Klamotten nicht passten.

Leider begann ich einen schwerwiegenden Fehler. Bereits vor der Kommunion redete mir meine Oma sehr, sehr viel ins Gewissen, vor allem, was den Haarschnitt betraf. Sie und auch meinem Papa gefallen eher kurze Haare, die nicht ins Gesicht fallen. Deshalb hörte ich von meiner Oma ständig: „Lass dir doch das Haar kurz schneiden. Das sieht dann sehr modern und frech aus. Es steht dir bestimmt sehr gut."

Am Anfang wehrte ich den Vorschlag auch noch ab, bis ich letztlich nachgab. „Ja" sagte ich zum

Friseur, „Bitte einmal einen frechen Kurzhaar-schnitt". Gesagt getan. Schnipp, Schnapp und ab waren meine schönen Haare. Im selben Moment bereute ich es auch schon, da der Haarschnitt nicht frech war, sondern so gar nicht weiblich. Leider bin ich allerdings jemand, der sich gerade von seiner Familie in gewissen Bereichen sehr leicht beeinflussen lässt. Deshalb blieb die Kurzhaar-pracht einige weitere Jahre so bestehen – auch wenn ich mich damit unwohl fühlte. Schließlich redete ich mir ein, meine Oma meint es nur gut mit mir und sie weiß sicherlich sehr genau, was mir steht und was nicht.

In Kombination mit meinem einfachen Kleidungs-stil, da mir einfach nichts anderes passte, sah ich nun wie ein molliger Junge aus und nicht mehr wie ein Mädchen. Das bekam ich sehr oft zu spüren. Ich wurden nur allzu oft mit einem Jungen ver-wechselt oder für meine Erscheinung, meine Kla-motten ausgelacht. Im Kleinkindalter mag das nicht schlimm sein als Junge angesehen zu werden, aber mit zunehmendem Alter, gerade wenn es in Richtung Pubertät geht, ist das richtig unange-nehm und peinlich.

Für mich wurde es mit jeder Verwechslung sogar noch schlimmer. Ich hatte bereits kein Selbstbe-wusstsein mehr und damit wurde mir schließlich der Rest geraubt. Ich fühlte mich richtig unwohl. Unwohl in meinem Körper, unwohl mit mir selbst und betrachtete ich mich selbst als hässlich. Ein-kaufstouren für neue Kleidung wurde zu einem Spießrouten-Lauf. Alles, was mir gefiel, passte mir nicht oder sah richtig scheiße an mir aus. Ich kam mir noch dicker vor, als ich es wirklich war, aß noch mehr als Frust und so gelang ich in einem Strudel, aus dem ich allein nicht mehr herauskam. Die Abwärtsspirale drehte sich immer mehr. Wie oft ich auf der Toilette angepflaumt wurde, das ist eine Mädchentoilette. Dann die Erkenntnis: „Oh, du bist ja ein Mädchen" und anschließend die durchdringenden und musternden Blicke von oben bis unten, bis sich der Blick in Missfallen und Nase-rümpfen äußert. Diesen Blick können nur Mädels.

Dem Gegenüber stand die Meinung meiner Familie. Sie lag mir ständig in den Ohren wie gut mir der kurze Haarschnitt doch stehe und wie schön ich damit aussehe. Wenn ich darüber nicht so traurig gewesen wäre, hätte ich darüber glatt lachen können. Meine Eltern tuen mir da heute etwas sehr leid, da sie alles andere ja nicht mitbekamen. Ich war gut darin alles in mich hineinzufressen – nicht nur Süßigkeiten, sondern vor allem meine Probleme mit mir selbst und die Probleme, die ich mit anderen Kindern hatte. Nicht selten fragte ich mich, warum? Einfach nur Warum? Warum muss ich so dick sein? Warum kann ich nicht einfach abnehmen? Warum mag mich niemand und warum um alles in der Welt hilft mir keiner?

An der Bewegung an sich lag es nur zum Teil, da ich als Kind sehr viel draußen war. Ich liebte bereits als Kind die Natur. Also woran lag es dann immer dicker zu werden? Wie ein Junge und nicht wie ein Mädchen auszusehen?

45

Neue Schule, Neues Glück – Alles auf Anfang, Bitte

Endlich war es so weit. Ich konnte mein Glück kaum fassen. Ade Grundschule, auf nimmer wiedersehen. Egal was kommen mag, ich werde so gute Noten auf der Realschule schreiben, um nicht wieder zurückzumüssen in meine persönliche Hölle. Ich freute mich vor allem auf einen kompletten Neuanfang, da mich an der neuen Schule kaum jemand kannte. Die, die bereits vor mir wechselten, aus der Klasse von meiner Schwester, hatten ja bereits andere Sorgen, so hoffte ich.

Der erste Schultag begann sehr gut. Dank eines netten Grundschulkameraden ging ich auch nicht verloren oder in die falsche Klasse. Er sah immer zu, dass ich auch dahin fand, wo ich hingehen sollte. Die Jungs, die mit mir auf die Realschule wechselten, waren zum Größtenteils bereits in der Grundschule immer hilfsbereit und freundlich. Ja, wenn wir miteinander redeten, dann immer auf Augenhöhe und ohne Mobbingattacken. Außer sie waren in einer Gruppe Jungs unterwegs. Da war es jedoch auch etwas anderes, da sie mich da zum Glück einfach nur ignorierten und nicht mit auf den Hänseleien-Zug aufsprangen. In eine Klasse kamen wir jedoch nicht, da am ersten Schultag ein kleiner, erster Schock auf mich wartete, denn ich sehr schnell verdaute.

Ursprünglich wechselte ich auf die staatliche Realschule um nicht nur lauter Pubertierende Mädchen um mich herum zu haben, die dazu neigen, unfair und abwertend gegeneinander zu sein. Lauter Mädels um mich herum wollte ich nicht haben. Mädchen können zickig, fies und gehässig sein. Entsteht dann in der Klasse ein Zicken-Krieg, ist es vorbei mit der Ruhe. Ich fand, mit Jungs in der Klasse wird das Zickige Verhalten etwas abgeschwächt. Der erste Schultag belehrte mich allerdings. Eine staatliche Realschule bedeutet nicht automatisch eine gemischte Klasse.

In der fünften und sechsten Klasse, also bevor der Zweig gewählt werden muss, waren wir eine reine Mädels-Klasse. In der fünften ging dies sogar noch, da wir uns alle erst kennenlernen mussten und sich erst nach und nach die Grüppchen bildeten. Die Pubertät war zu diesem Zeitpunkt praktisch noch ein Fremdwort. In der sechsten merkte man bei vielen die beginnende Pubertät und es entstanden doch die ein oder andere Zickerreien. Nicht förderlich für die Klasse. Ich erinnere mich sogar noch an einen Streit zwischen zwei Mädchen, der sich auf die gesamte Klasse ausbreitete und uns schließlich in drei verschiedene Lager aufteilte: Für jedes Mädchen eine Partei und eine Partei, die sich versuchte, neutral zu verhalten. Dennoch empfand ich diese beiden Schuljahre als schön. Mein persönlicher Glücksfall: Ich fand einige neue Freundinnen, mit denen ich mich sehr gut verstand und wir auch außerhalb der Schule etwas unternahmen.

Trotz Schulwechsel und neue Freundschaften, verfolgten mich Altlaster. So wurde ich in der Schule häufig mit einem Jungen verwechselt. Das schlimmste Erlebnis hierzu hatte ich auf der Mädchentoilette. Eine ältere Schülerin wies mich grob darauf hin, dies sei nicht das Jungenklo. Der Tonfall ließ mich förmlich zusammenschrecken und ihr abwertender Blick bohrte sich tief in mich hinein. Den werde ich niemals vergessen. Da ich eh schon sehr eingeschüchtert war, konnte ich nichts entgegnen. Auch von den älteren Schülern aus der ehemaligen Klasse meiner Schwester fand ich keine Ruhe. Nach der Schule, wenn wir auf den Bus warten mussten, wurde ich weiterhin gemobbt oder ausgelacht. Vormittags an der Bushaltestation stand ich sehr oft allein da – Zumindest bis die neuen Jahrgänge nachrückten. Dies war kein schöner Zustand für mich. Ich war traurig und fühlte mich sehr häufig trotz Freundschaften allein gelassen. Die Mobbing-Versuche der älteren Generation nahm ich teilweise nur noch unbewusst wahr, da ich gelernt hatte, mich in mich zurückzuziehen. Alles abzublocken. In der Tat kann ich mich nur noch grob daran erinnern. Da die mobbenden Jungs aber drei Jahre älter waren, hatte ich sehr bald Ruhe von ihnen. Und dann ging es für mich etwas bergauf und ich konnte die Schulzeit auf der Realschule genießen, bis die eine kleine Schar jüngerer meinten mich hänseln zu müssen.

Zuerst hieß es nach der sechsten Klasse jedoch noch einmal „Hallo neue Klasse". Die Zweigwahl stand an. Sehr schnell entschied ich mich dabei für meinen Favoriten. Mathe lag mir bis dato nicht so gut, da ich einfach mit dem Lehrer nicht ganz so zurechtkam und die Aufgaben nicht wirklich verstand. Englisch reichte mir als Sprache vollkommen aus, sodass ich nicht auch noch Französisch benötigte und der Kaufmännische Zweig wäre mir zu langweilig gewesen. Deshalb schieden diese drei von Vornherein aus. Zudem fand ich zu Hause von meinem Papa alte technische Zeichnungen. Diese faszinierten mich und ich wollte unbedingt technisch Zeichnen lernen und in der Schule als Fach haben. Da ich sowieso gerne werkelte und zeichnete, fiel mir die Wahl für den Werken-Zweig sehr einfach. Auch wenn der Zweig liebevoll als „Spiel- und Bastelzweig" bezeichnet wurde, fand ich den super. Klar könnte man meinen, da lernt man ja gar nichts, dem ist nicht so. Zudem war mir bereits klar, dass ich nach der Schule eine Ausbildung im handwerklichen Bereich anstreben möchte. Da passte die Wahl also perfekt für mich.

In der neuen Klasse fand ich mich recht schnell ein und schloss mich anderen Mädchen an. Die Jungs-Quote stieg von 0 auf ca. 10 bei ca. 30 bis 34 Schüler/-innen. Grund hierfür war, dass es zwei Werken-Klassen gab und die zweite aus lauter Jungs bestand. Der Rest durfte zu uns in die Klasse. Im Nachhinein betrachtet hätte der anderen Klasse sicherlich ein weiblicher Umgang nicht geschadet. Dies ist jedoch eine andere Geschichte.

Ab der siebten Klasse fühlte ich mich in meiner Haut etwas wohler, da ich akzeptiert wurde. Ich war ein Teil der Klassengemeinschaft. Ok, ich zählte jetzt nicht zu den Beliebtesten, war immer noch mehr der Zuschauer am Rande, aber konnte mich auch mit einbringen und mit den anderen Lachen. Mir tat die Realschule und vor allem genau diese Klasse wirklich gut. Diese Zeit möchte ich absolut nicht missen, da ich mich zum ersten Mal etwas angekommen fühlte. Zwar nicht immer, aber dennoch den größten Teil.

Alptraum Freibad

Das Mobbing verfolgte mich trotz Schulwechsel zu Hause privat. Vor allem in den Sommermonaten, da dort der Treffpunkt Freibad hieß. Zu Hause konnte ich einfach flüchten, indem ich bei uns im und ums Haus herum blieb. Im Freibad funktionierte dies leider nicht. Ich war zwar gerne im Freibad und vor allem im Wasser, aber immer mit einem bitteren Beigeschmack versehen, da ich niemals wusste, ob ein Angriff lauerte oder nicht.

Natürlich fuhr ich dort immer mit meiner Schwester und entweder unseren Eltern oder mit anderen hin. Ja wir hatten eine Freundin im Dorf bzw. eher meine Schwester und mit ihr ging es oftmals ins nahe gelegene Freibad. Trotz Figur-Problemen liebte ich diese Ausflüge im Sommer, da ich eine absolute Wasserratte war. Mich aus dem Becken zu bekommen war richtig schwer, vor allem, nachdem ich mir selbst das Schwimmen beigebracht hatte. Richtig verstanden, ich brachte mir das Schwimmen selbst bei und bin deswegen leider nicht im Besitz des Seepferdchens.

Als ich das Alter für einen Schwimmkurs erreicht habe, freute ich mich riesig darauf. Endlich sollte ich die Chance bekommen nicht nur Schwimmen zu lernen, sondern auch das Seepferdchen abzulegen. Leider wurde nur in diesem Jahr kein Kurs angeboten. Da ich wusste, dass mich in der fünften Klasse der Schwimmunterricht erwartete und ich sicherlich nicht die Einzige sein wollte, die nicht schwimmen konnte, brachte ich es mir kurzerhand selbst bei. Wie so vieles andere in meinen Leben lautete auch hier meine Devise „Learning by Doing". Darauf bin ich sogar heute noch stolz. Bei mir gibt es selten ein das kann ich nicht. Viel mehr ist es ein das kann ich noch nicht. Wenn es mir keines Beibringens kann, lerne ich es halt eigenständig. Ich bin ein sehr ehrgeiziger und vor allem dickköpfiger Mensch mit ganz viel Herz. Setze ich es mir in den Kopf, ziehe ich es auch durch. Deswegen blieb ich dran, bis ich wirklich schwimmen konnte.

Die angebotene Rutsche im Freibad interessierte mich als Schwimmerin irgendwann sehr wenig bis schließlich gar nicht mehr aufgrund eines Vorfalles. Seit diesem wollte ich nicht mehr Rutschen aus Angst erneut ins Visier zu geraten und es machte mir keinen Spaß mehr. Schließlich war ich unschuldig zusammengestaucht worden. Da ich sehr sensibel auf einige Dinge reagiere, nahm ich mir auch das viel zu sehr zu Herzen.

Die Wasserrutsche eignete sich perfekt, um im Zug zu Rutschen oder einen Stau zu provozieren. Genau dies war die Lieblingsbeschäftigung einiger Kinder. Wir schlossen uns dem an, um nicht als Spaßbremsen zu zählen oder gar noch mehr ausgeschlossen zu werden. Ich selbst wurde da mehr oder weniger von meiner Schwester und der einen Freundin mitgezogen, da es mir selbst eigentlich keinen Spaß machte. Aber meine Schwester war verpflichtet auf mich aufzupassen und damit ich überhaupt ins Wasser durfte, machte ich mit. Dies sorgte dafür, dass ich eine unangenehme Begegnung mit dem damaligen Bademeister hatte. An diesem Nachmittag wurde, von einigen Mädels wieder mal die Rutsche blockiert, sodass die Nachfolgenden dem letzten immer draufrutschten. Ich bekam dies gar nicht mal so mit, Da der Stau in einer Kurve stattfand, die von oben nicht gesehen werden konnte und rutschte ganz normal als die Bahn vermeintlich frei war. Nach der starken Kurve dann die Überraschung: ich kam in den verursachten Stau. Halb so wild, schließlich war dies ja von den Mädels gewollt und es ging dann auch bald wieder weiter. Leider war dies dieses eine Mal etwas anders. Nachdem ich noch einmal gerutscht bin, fing mich nämlich der Bademeister ab. Eines der Mädchen hatte sich beschwert und mich als Schuldige angegeben, ich sei ihr mit voller Wucht und mit Absicht hinten reingerutscht. Mir wurde tatsächlich vorgeworfen rücksichtslos gegenüber andren zu sein. Ich, wo ich niemanden was antuen könnte. Ich wusste auch, dass der Vorwurf ungerecht war. Schließlich konnte ich nichts dafür, wenn andere die gesamte Rutsche blockieren. Zu dem rutschte ich, aus Angst aus der Rutsche geschleudert zu werden, nie wirklich schnell. Der Aufprall war von mir sicherlich unbeabsichtigt und von dem Mädchen provoziert. Da ich zu dieser Zeit schon sehr verschüchtert war, konnte ich nichts entgegnen. Ich war einfach auch zu perplex und überrascht. Es kam keinerlei Verteidigung aus meinem Mund. Vielmehr traten mir ein paar Tränen in die Augen, rein aus Unfassbarkeit, Enttäuschung und Wut. Wie konnten sie mir das Unterstellen und damit riskieren, dass ich nach Hause musste? Ich fasste diese Ungerechtigkeit nicht. Also beschloss ich, nicht mehr zu Rutschen. Damit ging ich diesem ungerechtfertigten Vorwurf zukünftig aus dem Weg und sie können sich einen anderen Sündenbock suchen.

Damit aber nicht genug. Meine Schwester, die ja drei Jahre älter ist als ich, kam schön langsam in die Pubertät und Jungs wurden immer interessanter. Also suchte sie zusammen mit ihrer Freundin die Nähe zu den Jungs. Ich wurde logischerweise auch da immer mitgezogen. Fand ich selbst nicht so großartig, da mich die Jungs 0,0 interessierten und ich meine Ruhe haben wollte. Vor allem, nachdem ich dadurch wieder mit ins Visier der Mobbing-Attacken geriet. Auch hier erwarteten mich nur Verspottung und ich wurde aufgrund meines Gewichtes immer ausgelacht. So gut es ging zog ich mich deshalb zurück und verbrachte die Zeit an den Springtürmen oder schwamm meine Bahnen.

Dies ging jedoch nicht immer. Wenn ich doch einmal bei den anderen beiden blieb, wurde ich angegriffen und ohne meine Zustimmung getaucht. Ich wurde mit Absicht und Gewalt unter Wasser gedrückt. Ich weiß bis heute nicht, ob das meiner Schwester und ihrer Freundin gefiel, mir nämlich nicht. Und mich erwischten diese Attacken regelmäßig, da es die Lieblings-Beschäftigung der Jungs war. Einfach so ohne Vorwarnung im tiefen Wasser. Da ich nicht nur Dick, sondern auch etwas kraftloser war, konnte ich mich auch gar nicht wehren. An Luft holen war nicht zu denken, da die

Angriffe sehr überraschend und mit sehr viel Druck kamen, also bekam ich auch nicht gut Luft. In den häufigsten Fällen wurde ich nur kurz unter Wasser gedrückt. Das ging noch und hielt ich irgendwie aus. Einmal war alles anders. Dies ist bei mir bis heute unangenehm im Gedächtnis verankert und ich werde richtig sauer, wenn mich jemand ohne Vorwarnung unter Wasser drückt – auch wenn es nur aus Spaß geschieht. Einer der Jungs wollte besonders cool sein. Er drückte mich an meinen Schultern fest unter Wasser und lies mich auch nicht mehr los. Er drückte mich ohne Chance nach unten. Ich bekam keine Luft mehr und hatte Angst zu ersticken oder zu ertrinken. Gefühlt war ich mehrere Minuten unter Wasser. Es kam mir vor wie eine Ewigkeit. Wie lange es dauerte, bis sich sein Griff löste, weiß ich nicht. Die Zeit verging so langsam. Ich hatte zum ersten Mal Todesangst. Alles strampeln und wehren half nichts. Ich konnte mich nicht lösen und kam auch gar nicht mehr hoch. Die Luft wurde immer knapper, die Angst immer größer. Mir lief es eiskalt den Rücken herunter. Irgendwann löste sich der Druck endlich und ich konnte zurück an die Oberfläche. Panisch schnappte ich nach Luft. Schwamm automatisch an den Beckenrand und hielt mich fest. Ich ließ den Rand auch nicht mehr los. Bis ich sicher war, in Sicherheit zu sein. Dieses Ereignis prägte mich nachhaltig. Seitdem hielt ich noch mehr Abstand und seilte mich von den anderen ab. Oder blieb fest mit dem Beckenrand verbunden. Ich wollte nicht mehr so brutal getaucht werden.

Einige Jahre später, wollten mich sehr gute Freunde tauchen. Besser gesagt hätten sie es versucht – Natürlich aus Spaß. Ich reagierte sofort über und wurde richtig böse. Zum Glück beließen sie es bei dem einen Versuch, da sie merkten, ich mag das wirklich überhaupt nicht und hatte Panik davor. Daran wird sich auch nichts mehr ändern.

Die Freibad-Besuche hatten allerdings auch sehr viele schöne Seiten. Natürlich gehören dazu die traditionellen Freibad-Pommes, welche bei keinem Besuch fehlen durften oder die Süßigkeiten des Kioskes. Neben dem Schwimmen betätigte ich mich auch anderweitig. So spielten wir mit anderen Kindern Rundlauf an der Tischtennis-Platte. Ich weiß gar nicht mehr, wie es dazu kam, aber irgendwann entdeckten meine Schwester und ich die Freude am Tischtennis. Zusammen mit einer Freundin spielten wir regelmäßig. Auch im Freibad mit den anderen Kindern beim typischen Rundlauf. Zwar waren wir nicht allzu gut, aber es machte einfach höllischen Spaß.

Der Hauptgrund für die schönen Erinnerungen war einfach die Familienzeit, wenn Mama mit dabei war. Miteinander Karten zu spielen oder einfach nur zu dösen. Ich genoss auch die Ruhe draußen im Freien beim Lesen eines guten Buches, in welches ich mich stundenlang vertiefen konnte. Eine weitere schöne Erinnerung, lässt mich heute noch schmunzeln. Als ich einmal vom Becken zurückkam, lag auf meinem Platz eine Gummibärchen-Schlange. Bis heute weiß ich nicht, wer mir die Überraschung zukommen ließ. Eine schöne Geste wie ich finde, auch wenn ich nach wie vor gerne wüsste, vom wem sie stammte.

Falsche Freunde

Eine Erfahrung, die wohl jeder im Laufe seines Lebens machen muss, ist: Falsche Freunde gibt es viele auf der Welt. Auch ich wurde davon nicht verschont und lernte erst nach und nach dazu. Sehr oft vertraute ich aus Naivität oder einfach überhaupt Freunde zu haben den falschen Menschen. Ob es wirklich Freunde waren, lasse ich jetzt einfach einmal dahingestellt. Im Nachhinein denke ich, es war einfach so eine Zweckfreundschaft und niemals eine offene, ehrliche.

Eine davon war sicherlich die Bus-Freundschaft. Niemand möchte gerne allein durchs Dorf laufen, gerade wenn es noch dunkel ist. Also schlossen wir uns zu zweit und irgendwann zu dritt zusammen. Zusammen macht es mehr Spaß und ich hatte dadurch viele weniger Angst. Zu unserer täglichen Unterhaltung gehörten leichte Neckereien. Nur ich war in der Bus-Geh-Runde oftmals einfach das am leichtesten zu ärgerndem Opfer. Ich betrachtete das nie wirklich als schlimm und lachte oft einfach mit. Für mich war es einfach das Hänseln unter Kindern bzw. unter Jugendliche. Unterbewusst zählte ich es jedoch trotzdem zu den negativen Erfahrungen mit hinzu und manche Dinge trafen mich mehr als ich jemals zugeben würde.

Ist man einmal in der Mobbingspirale gefangen, können einem noch so kleine Taten, die nicht einmal böse gemeint sind, verletzten. Mit jeder Kleinigkeit erhielt mein bereits eh schon am Boden liegendes Selbstwertgefühl eine weitere Schramme, die irgendwann zu Narben wurden. Ich möchte ein Beispiel dafür aufgreifen, damit ihr versteht, was ich damit meine.

Im Winter auf den Nachhause weg fing es an zu schneien und der Schnee blieb auf den Straßen liegen. Wir genossen den Winter. Wie jedes Kind kam dann irgendwann die Idee einer Schneeballschlacht auf. Wer kennt es nicht? Zum Winter gehört gerade auf dem Land eine zünftige Schneeballschlacht. Leider mochte ich auch diese nicht, da ich nicht besonders sportlich war und nur sehr schlecht ausweichen konnte. Werfen und zielen funktionierte dagegen sehr gut. Ich hielt mich – wie so oft – einfach raus und wollte keine Schneeballschlacht mitmachen. Das Ende vom Lied: Es wurde nur auf mich gezielt. Ich war die perfekte Zielscheibe. Auch wenn ich sagte ich möchte das nicht, wurde ich weiter mit Schneebällen beworfen. Heute frage ich mich wirklich, warum ich nicht einfach den Spaß mitgemacht habe. Warum konnte ich mich nicht einmal wie ein normales Kind benehmen und den Spaß mitmachen? Den Stock aus dem Popo ziehen und lachen? Einfach den Kopf ausschalten und Spaß haben, anstatt mich selbst auszubremsen wie so oft ausbremsen? Als Spaßbremse abgestempelt zu werden?

Ich habe hier bewusst oder unbewusst den Weg gewählt, still zu bleiben. Wie immer ließ ich mir die Sachen einfach gefallen. Entgegnete nichts, schlug nicht zurück und zog mich in mich selbst zurück. Das konnte ich gut. Schweigend die

Sachen ertragen und mit mir selbst ausmachen. Ja nicht jemanden meine wirklichen Gefühle zeigen. Ich war schließlich doch schon groß. Groß und Alt genug – Dachte ich. Deswegen vergaß ich einfach das Kind sein, das ich hätte sein sollen. Das Kind, dass ich eigentlich noch war, wurde weggesperrt. Ganz weit nach drinnen, wo es niemand sieht.

Warum ich nun das Kapitel als Falsche Freunde deklariert habe? Es kam auch einmal zu anderen Vorfällen, die mich an der Aufrichtigkeit der Freundschaft einfach zweifeln ließen. Wahre Freunde stehen zu einem und springen nicht auf den Mobbingzug anderer mit auf. Sie stehen zu dir, stärken dir den Rücken und sind für dich da. Genau das taten aber einige meiner damaligen Freunde eben nicht. Während ich mich immer für sie eingesetzt und sie verteidigt hätte, taten sie es nicht. Wenn sie nur wegsahen, war dies noch positiv und ich konnte es auch verstehen. Aber Mitmachen? Das war schon ein starkes Stück, welches mich einfach kränkte, mich maßlos enttäuschte. Es war, als würde mir jemand das Messer in den Rücken rammen. Hinterlistig und Hinterrücks, ohne jegliche Vorwarnung. Wie so oft ging es dabei um mein zu hohes Gewicht. Eine der vielen Situationen spielte sich im Bus ab. Die Sitze am Mittelgang ließen sich mehr in Richtung Gang schieben. Also ein Stück weg von dem Sitz am Fenster. Als wir in unserem Dorf ankamen und es Zeit zum Aussteigen wurde, schob eine meiner vermeintlichen „Freundinnen" den Sitz direkt vor mir zur Mitte hin, drehte sich zu mir um und lachte mich aus. Das Lachen war eher von der frechen Art. Ich hatte davor zwar grob mitbekommen, dass sie mit jemanden anderem getuschelt und dabei mich ab und zu angesehen hat, aber ich habe mir dabei nichts Böses gedacht. Hierzu gab es schließlich keinerlei Grund, da ich ja meinte wir sind befreundet. Anscheinend sah das nur ich so. Der Sitz in der Mitte irritierte mich etwas und war für mich ein Hindernis. Dennoch versuchte ich die Problematik erst einmal zu verharmlosen und zu ignorieren. Der eh schon schmale Mittelgang schrumpfte etwa auf die Hälfte zusammen. Dies bedeutete für mich, ich kam nur mit aller größter Mühe da durch. Ich musste mich schon ganz schön zusammenreißen und den Bauch einziehen, um überhaupt eine Chance zu haben. Noch dazu hatte ich meine Schultasche auf dem Rücken, sodass ich mich auch gar nicht Seitwärts drehen konnte, um besser durchzukommen. Meine Hüften sind seit jeher etwas breiter gebaut, genauso wie meine Schultern. Gepaart mit dem Übergewicht könnt ihr euch ja vorstellen, wie es für mich war da jetzt durchzumüssen. Den Sitz zurück in seine ursprüngliche Position zu schieben, ging nicht, umdrehen um den hinteren Ausgang zu benutzten ging ebenfalls nicht, da der Busfahrer nur die vordere Tür öffnete. Na Prima, dachte ich und lief dabei rot an, bekam einen riesigen Kloß im Hals und merkte, wie mir die Tränen in die Augen liefen. Jetzt bloß nicht weinen, dachte ich. Irgendwie schaffte ich es, die Haltung zu bewahren, mich durchzuquetschen und auszusteigen, ohne dabei das Heulen anzufangen. Es tat einfach weh. Weh wieder das Opfer geworden zu sein. Opfer meines eigenen

Übergewichtes, das ich scheinbar nie in den Griff bekommen werde.

Das redete ich mir zu dieser Zeit immer wieder ein. Danach folgte die Erkenntnis: So kann es nicht weitergehen, ich mache jetzt eine Diät und nehme ab. Ich möchte auch endlich schlank sein wie die anderen Mädchen. Nur ich schaffte es nicht. Konnte nicht weniger Essen, gesünder Essen und vor allem mehr Sport zu machen. Egal wie entschlossen ich wirkte, fing ich zu Hause doch wieder mit dem lästigen Frustessen an. Ja zu diesem Zeitpunkt war es bereits Frustessen. Frustessen aus Trauer, weil ich die Opferrolle nicht verlassen konnte, Frust weil ich es nicht schaffte abzunehmen, Frust keine wirklichen Freunde zu haben mit denen ich mich nach der Schule wirklich gerne traf und die mich ernst nehmen. Es gab nur noch eines im Leben: Frust, Frust, Frust.

Neue Freunde, neues Glück

Ursprünglich dachte ich unfähig zu sein, wahre Freundschaften zu knüpfen. Doch ich wurde eines Besseren belehrt. Gerade die Realschul-Zeit zeigte mir, dass ich durchaus in der Lage war mit anderen Mädels Freundschaften zu schließen. So ca. ab der siebten Klasse war es so weit. Wir wussten alle, dass wir die nächsten Jahre miteinander in der Klasse verbringen. Kein neuer Wechsel stand bevor. Wie es genau dazu kam, weiß ich bis heute nicht. Nur, dass ich zwei Freundinnen in der Klasse hatte, neben denen ich die letzten Schuljahre saß und mit denen ich gerne etwas unternahm. Am liebsten saßen wir in der hintersten Reihe.

An sich waren wir drei Mädels eine komische Mischung aus zwei Mauerblümchen und einer Lebenslustigen. Allesamt mit guten, besser gesagt sehr guten, Noten. Ja wir alle drei waren nicht schlecht in der Schule, weshalb wir uns wahrscheinlich auch so gut verstanden. Unser Ehrgeiz einen guten Schulabschluss hinzulegen war einfach ansteckend untereinander.

Zu den beiden Mauerblümchen zählte ich. Wobei ich sagen muss, ich nicht gerade die Schüchternste war und auch mit den anderen aus meiner Klasse durchaus einmal ins Gespräch kam. So ab der 8ten bzw. 9ten Klasse mit den anderen Mädels rum blödeln konnte oder wie beim Jahresabschlussfest mit ihnen Trinken und einfach die Zeit genießen. Das zweite Mauerblümchen war, in Gegensatz zu mir, noch einmal ein Stück schüchterner. Und die dritte im Bunde blühte gegen Ende der Realschulzeit richtig auf. Die Pubertät machte sich bemerkbar und das Weggehen, etc. wurden immer interessanter. Gerade für sie wurde das Thema Jungs zu der Zeit sehr aktuell, wohingegen ich mich eher im Hintergrund hielt. Ich war wohl die Freundin, die beim Ausgehen die anderen Mädels noch attraktiver erscheinen ließ. So sagt man doch immer, oder?

Aber genau ohne diese aktive Freundin, wäre ich daheim wahrscheinlich hinter meinen Büchern vergammelt. Sie zog mich förmlich mit. Als das Mädels-Team Zuwachs von drei weiteren erhielt, wurde es für mich immer schwieriger. Mit einem der Mädels freundete ich mich ziemlich schnell an und wir fanden auch einige gemeinsame Nenner. Wir sind in der Tat sogar bis heute miteinander befreundet – wofür ich mehr als nur dankbar bin. Die anderen beiden Mädels zogen unsere aktive immer mehr zu sich hin. Mit der Folge, dass ich mich regelmäßig als das fünfte Rad am Wagen fühlte. Das zweite Mauerblümchen war so gut wie eigentlich nie am Wochenende mit aus, weshalb wir meist zu fünft unterwegs waren. Es ging auf Faschingsbälle, Rocknächte, etc. Zu der Zeit funktionierten Aufsichtszettel noch und ab und an konnte man sich auf Feste rein schleichen. Mittlerweile geht das so gut wie gar nicht mehr aufgrund der ganzen Security und den strengeren Vorschriften.

An diese Schul- und Weggeh-Zeit erinnere ich mich heute sehr gerne zurück. Sie zählt wohl zu den schönsten Zeiten – Trotz dem Gefühl das fünfte Rad am Wagen zu sein. Ich fühlte mich zum ersten Mal richtig wohl – zumindest so lange keine auf die Idee kam, den Jungs hinterher zu laufen. Als diese Phase begann war ich eher so die Mitläuferin.

Mit den ganzen neuen Freundinnen kamen auch neue Ideen und neue Perspektiven auf mich zu. Ich gehöre nach wie vor zu den Mädels, die nicht gerne Shoppen geht. Neue Kleidung zu kaufen und davor anprobieren zu müssen gleicht für mich einem Spießrutenlauf. Schließlich sah ich in allem Schrecklich aus, wenn überhaupt was passte. Doch mit einer neuen Freundin machte genau dies Spaß. Ich ging gerne mit ihr bummeln oder ins Kino oder einfach weg. Sie war es auch, die mich für Volleyball begeistern konnte. Angefangen haben zwei der Mädels in einem Volleyballverein. Ich sah ab und an bei einem Spiel zu und spielte auch im Freibad gerne mit Beachvolleyball – aber erst nachdem ich ein paar Kilos verloren hatte. Das machte mir so viel Spaß, dass ich mit 15 Jahren selbst einem Verein beitrat. Dort fand ich zwar nie Anschluss, da sich die Mädchen der Hobby-Mannschaft alle privat kannten und aus festen Grüppchen bestanden, aber es machte mir trotzdem Spaß. Es ging sowieso primär um die festen Trainingszeiten. Dazu aber in einem anderen Kapitel mehr.

Durch meine neuen Freundinnen erlebte ich definitiv mehr als ohne. Sonst wäre ich höchstwahrscheinlich um Stubenhocker und völligen Nerd mutiert. Mein Bücherregal füllte sich von selbst immer mehr. Wäre ich nicht mit ausgegangen oder mit zu anderen Unternehmungen bereit gewesen, könnte ich mittlerweile bestimmt eine eigene kleine Bibliothek ausstatten mit meinen ganzen Romanen und Geschichten in meinem viel zu kleinem Bücherschrank. Meine beiden Klassenfreundinnen, also die beiden, die mit mir in eine gemeinsame Klasse gingen und nicht eine Stufe unterhalb oder in der Parallelklasse waren, halfen mir auch dabei in der Klasse so eine Art Anschluss zu haben. Dort gab es nie Mobbing. Zumindest empfand ich persönlich die Klassenatmosphäre als sehr angenehm und harmonisch.

An zwei Jungen kann ich mich allerdings erinnern, die eher abseits und ausgegrenzt waren. Einer davon besuchte mit uns nur die siebte Klasse und verlies anschließend die Schule. Er war auch etwas komisch. Der zweite war bis zum Abschluss mit in unserer Klasse und hatte auch Anschluss zu bestimmten Personen. Damit war er nicht ausgegrenzt, sondern ebenso wie eine Mitschülerin und ich Mauerblümchen bzw. Mitläufer. Den Klassenzusammenhalt merkte man bei uns vor allem wenn es brenzlig wurde oder bei Schülerstreichen am Unsinnigen Donnerstag. Da machte jeder mit. Klar hatte ich teilweise Angst vor Verweisen oder Ähnlichen, aber die Streiche waren immer eher harmlos und damit ungefährlich. Außerdem wollte ich mich meine schöne Zeit nicht damit vermiesen schon wieder die Spaßbremse mit dem Stock im Popo zu sein. Jetzt, da ich endlich Anschluss gefunden habe.

Eine Situation war allerdings etwas brenzlig. Auf dem Vertretungsplan stand irrtümlicherweise, dass die letzte Stunde entfällt. Wir wussten alle, dies ist ein Fehler, aber wir gingen trotzdem alle zum Bus. Die halbe Klasse fehlte, die andere Hälfte wurde noch abgefangen. Das gab ganz schön ärger und unser Geschichtslehrer war logischerweise darüber sehr verärgert. Wir dagegen fanden es lustig. Die Stunde wurde dann ein andermal nachgeholt. Ich weiß noch, dass eine meiner Freundinnen richtig sauer wurde, sie möchte bei dem Blödsinn nicht mitmachen und wir riskieren einen Klassenverweis. Auch ich hatte zwar ein ungutes Gefühl bei der Sache, aber ich wollte nicht die Spielverderberin sein und machte mit. Die Freundin nach langem zureden auch. Schließlich kam es nicht so hart, wie sie dachte.

Ach was hat die Klasse ab und an für Sachen angestellt. Dabei zählte unsere Klasse noch zu den Lieblingsklassen der Lehrer. Mit uns konnte man durchaus reden und quatsch machen, trotzdem blieben wir größtenteils sehr vernünftig. Wir hatten zum Glück einen richtig coolen Klassenleiter. Einen besseren hätten wir uns für die Realschulzeit nicht wünschen können.

Entschluss Gewichtsabnahme

Der Wunsch endlich dünner zu werden beschäftigte mich schon sehr lange. Seit der dritten Klasse wurde dieser Wunsch immer größer, doch niemals wirklich zum Ziel. Sport hätte definitiv geholfen und vor allem eine Ernährungsumstellung mit gesünderem und weniger Essen.

Allein das Wort „Sport" bedeutete mich bis zu meinem dreizehnten Lebensjahr Mord. Ein wahres Unwort. Außer eben Fußball, was ja nicht in Frage kam. Mit 15 Jahren – nachdem ich bereits sehr gut an Gewicht verloren hatte – bekam ich aufgrund der Empfehlung eines Arztes mehr Sport zu machen, die Erlaubnis endlich Fußball spielen zu dürfen. Da war ich dann aber angeblich zu alt. Es gab zu diesem Zeitpunkt eine Mannschaft ganz in der Nähe. Aber auf Anfrage war ich denen zu alt, obwohl sie dringend Spielerinnen suchten. Wie ich eher vermute, fand meine Tante den Entschluss zu spielen nicht sonderlich berauschend. Deshalb ließ sie vermutlicher Weiße ihre Beziehungen spielen, sodass ich von vornherein eine Absage bekam.

Seitdem ich ca. neun Jahre alt war, versuchte ich mein Essverhalten immer wieder zu zügeln und in den Griff zu bekommen. Wir waren als Kinder sehr viel draußen und an Bewegung mangelte es mir absolut nicht. Aber mir fehlte eine Routine an regelmäßigen Sport in einer Gruppe. Leider interessierten mit Sportarten, bei denen ich mich allein Quälen müsste, überhaupt nicht und ein großes

Angebot an Team-Sportarten mit regelmäßigen Trainings für Mädels war bei uns auf dem Land einfach eine Fehlanzeige. Es gab und gibt nach wie vor nur ein sehr spärliches Programm, außer Gardetanzen. Nur dafür fühlte ich mich wirklich zu dick und unwohl, um da in kurzen Röcken über das Parkett zu hüpfen. Hinzu kam das Mobbing, welches in Frustessen mündete. Es kam einfach zu keinem Gewichtsverlust. Heute weiß ich, dass ich kopfmäßig nicht bereit dazu war. Ich hörte mich immer wieder leise sagen „Ich schaffe das nicht", „Ich nehme nicht ab", „Ich könnte das nicht". Genau das zeigt, dass der Kopf und damit ich selbst nicht dazu bereit bin. Der Wille fehlte schlicht und ergreifend. Schließlich war ich mit zarten neun Jahren nicht bereit dazu, Süßigkeiten zu reduzieren und mir eine Sportart zu suchen, die mir Freude bereiten könnte und bei der ich genügend Bewegung erhielt.

Ja ich wusste es würde mir nicht schaden und die Mobbing-Attacken würden aufgrund meines Gewichtes abgemildert werden. Aber ich denke, ich WOLLTE zu dieser Zeit gar nicht wirklich abnehmen. Ich war dafür nicht bereit. Bereit mehr zu tun und mehr auf meinen Körper zu achten. Von einem Grundschulkind finde ich, konnte man das auch nicht wirklich erwarten.

Mit dreizehn änderte sich meine Einstellung aber schlagartig. Ich war mittlerweile auf der Realschule und etwas reifer. Die beginnende Pubertät hinterlässt so langsam ihre Spuren und wirkt sich auf das eigene Leben aus. Zu meinem dreizehnten

Geburtstag bekam ich von unserer Krankenkasse einen netten Brief mit einer Einladung einen Rund-Um-Check beim Hausarzt des Vertrauens machen zu lassen. Das Angebot nahm ich, nach einem Gespräch mit meiner Mutter, an. Es konnte nicht schaden und der Arzt beweist mir sicherlich, dass sich alles im grünen und vor allem Gesunden Bereich befindet. Ich war mir zu einhundert Prozent sicher, ich bin kerngesund ohne jegliche Mängel. Das Gewicht ist sicherlich auch noch ok und ich bildete mir nur ein Dick zu sein. So dick wie ich war, fühlte ich mich noch gar nicht. Außerdem mied ich sowieso die Waage und sah auch nie Fotos von mir selbst an – Zumindest keine Neueren. Als Baby und Kleinkind war ich ja noch süß und das bisschen Speck an mir war schließlich Babyspeck. Halb so tragisch. Bis heute meide ich allerdings immer noch die Fotos mit Übergewicht. Aus Scham und den damit einhergehenden Schmerzen an diese Zeit.

Der Arztbesuch verlief dann doch etwas anders als ich mir gewünscht, gehofft und erwartet hätte. Mein Hausarzt bestätigte zwar meine Gesundheit, aber nicht in allen Bereichen. Die Fitness ließ zu diesem Zeitpunkt sehr zu wünschen übrig. Als es um Größe und Gewicht ging, welche den BMI bestimmen lassen, war es aus. Der Arzt verzog keine Miene als er ganz trocken zu mir meinte: „Du hast zwei Möglichkeiten. Entweder du schießt in die Höhe oder du unternimmst was dagegen". Dementsprechend schlecht viel das Ergebnis des BMI aus. Ich weiß nicht mehr genau wie groß ich zu der Zeit war, nur noch, dass die Waage stolze 85 kg anzeigte. 85 kg mit dreizehn. Ich bin auch heute nicht gerade eine große Person mit zarten 1,66 m. Das heißt, ich war da noch ein paar cm kleiner. Demnach einfach viel zu übergewichtig. Ich war geschockt. Warum schockte mich das auf einmal, wenn ich es doch selbst eigentlich schon wusste, wie schlimm es um mein Gewicht stand? Es mir nur nicht eingestehen wollte? Die Aussage meines Hausarztes war der erste Schlag an diesem Tag in meine Magengrube.

Ich hörte dies zum ersten Mal von einer komplett unbeteiligten Person und noch dazu von einem Arzt. Diese Erkenntnis nagte an mir und machte mich vollkommen traurig. Wie konnte ich diese Tatsachen einfach alle ignorieren? Meinen Körper im Kopf zu einem schlanken Idealbild umwandeln und die Tatsachen einfach verdrängen? Ich verstehe dies bis heute nicht.

Was mich noch mehr schockte die eigene Erkenntnis, da ich wusste, nicht mehr allzu viel in die Höhe zu schießen. Ein paar cm waren sicherlich noch drin, aber nicht genug, um auf einmal schlank zu sein. Das ist ein Faktor, den kann man selbst gar nicht beeinflussen. Also blieb nur noch Variante zwei übrig.

Zu Hause angekommen, lies mir die Aussage immer noch keine Ruhe und meine Mama kannte mir an, dass etwas an mir nagte und nicht stimmte. Wir saßen mit meiner Oma bei meiner Oma in der Küche zum Mittagessen. Der Appetit war mich noch nicht vergangen und ich versuchte mir die Tatsachen erneut schön zu reden als die Untersuchung zum Thema wurde. Also fasste ich mir ein Herz und fragte meine Mutter ganz offen, ob es denn wirklich so schlimm sei. Die Antwort traf mich erneut wie ein Schlag ins Gesicht. Mit voller Wucht. Es brauchte genau eine Aussage meiner Mama dazu: „Du isst nicht mehr, sondern du frisst". Noch deutlicher hätte es meine Mutter nicht auf den Punkt bringen können. Ich brach in Tränen aus. Meine Oma versuchte die Aussage noch abzuschwächen und meinte zu meiner Mama sowas kann man doch nicht zu einem Kind sagen. Dennoch war es in dem Moment genau das Richtige. Ich brauchte diesen Wink mit dem Zaunpfahl. Ich brauchte die Aussage einfach, damit sich in meinem Kopf der Schalter umdrehte. Die Tränen liefen mir über die Wange aus Verzweiflung und aus Erkenntnis. Ja, ich aß nicht mehr, sondern ich fraß alles in mich hinein, was ich nur essen konnte und was mir angeboten wurde. Mein Leben bestand praktisch fast hauptsächlich aus Essen, Essen, Essen. Unter Tränen bat ich meine Mama mir doch bitte zu helfen etwas zu ändern. Ich brauchte in diesem Moment einfach nur die Zusage, dass mir jemand hilft. Jemand mir beiseite steht, wenn ich den Weg gehe, den ich anschließend einschlug. Genau dies sicherte mir meine Mama zu. Sie wusste auch, dass ich ihre Hilfe gar nicht wirklich benötigte, da endlich der Wunsch zu einem Ziel und zu einem Entschluss wurde. Ich war kopfmäßig endlich so weit, das Problem anzugehen und selbstständig zu lösen.

An diesem Tag versprach ich mir genau eine Sache und fasste einen Entschluss: Ich werde abnehmen, bis ich schlank bin und mich in meiner Haut wohlfühle. Ich alles Anziehen kann, was ich nur will. Und noch eines: Ich werde nie mehr so dick und übergewichtig oder gar fettleibig werden. Mit einer Ausnahm, wenn ich irgendwann einmal Nachwuchs erwarten sollte. Mit diesem Entschluss kam schließlich die Wende, die langersehnte Wende, die ich selbst steuern und lenken konnte.

Ich begriff schön langsam, dass ich bisher nur nach Ausreden suchte, um ja nichts ändern zu müssen. Oma wäre beleidigt, wenn ich nicht zwei oder mehr Portionen zu Mittagesse und den Nachmittags-Snack ausfallen lasse. Mama wäre traurig, wenn ich abends nicht noch einmal mitesse und am besten ebenfalls mehr, wie nur eine Portion verdrücke. Schließlich muss ich auch ihr zeigen, dass ihr Essen schmeckt. Hinzu kommt ich kann doch nicht ohne Frühstück aus dem Haus und die Pausenmahlzeiten müssen nochmal richtig satt machen, um genügend Energie für den Unterricht zu haben. Ich bin nie schuld daran gewesen zu viel zu Essen, zu ungesund zu essen oder wie meine Mutter so schön sagte zu viel zu fressen.

Mit dem Klick in meinem Gehirn kapierte ich, dass allein ich für das viele Essen verantwortlich bin. Eine Portion reicht vollkommen aus – Egal ob beim Mittag- oder Abendessen. Zudem nimmt es mir doch niemand übel, wenn ich sage: „Danke, ich bin bereits satt. Es schmeckte Prima. Du hast wunderbar gekocht!" Über so ein Kompliment freut man sich doch genauso, als wenn ich mich zu Tode fressen würde. Nur das bei zweiterem keiner etwas davon hat. Also lernte ich auch einmal „Nein" zu sagen. Bis dato wusste ich nicht einmal wie diszipliniert ich eigentlich sein kann. Ehrgeizig ja, das zeigten mir ja meine Noten, aber diszipliniert?

Diszipliniert war ich – zumindest im Bereich Sport und Essen – nie. Ich trainierte es mir einfach an. Ich zwang mich darauf zu achten, was und wie viel ich esse. Süßigkeiten vermied ich zu Beginn meiner „Diät" vollständig. Ich frage mich bis heute noch, wie ich das wohl geschafft habe – zumindest eine Zeitlang. Ich fand auch eine Sportart, die mir schon immer gefiel und die ich konnte. Inline-Skaten war für mich kein absolutes Neuland. Es strengte nicht so fest an und machte Spaß – auch wenn ich allein meine Runden zog. Joggen wollte ich aufgrund meiner Kondition nicht. Mir lag das Gerenne zu dieser Zeit (noch) nicht. Es sollte sich später einmal ändern und ich ging mehr Laufen als Inline-Skaten. Ich fuhr also nicht mehr nur bei uns zu Hause im Hof herum, sondern begann die ein oder andere Dorf-Runde zu düsen. Ich steigerte mit der Zeit die Geschwindigkeit und die Anzahl der Runden. In Kombination mit der Ernährungsumstellung verlor ich schließlich ganze 25 kg. Richtig, ich wog zum Ende meines ursprünglichen Abnehm-Planes 60 kg. Damit befand ich mich nach dem BMI durchaus im Normalbereich.

Das mit dem Süßigkeiten Verzicht hat sich irgendwann auch erledigt. Ich bekam einmal dermaßen Kreislaufprobleme und fing das Zittern an. Meine Mama brachte mir ein Snickers und meinte ich solle das jetzt sofort Essen damit sich der Zucker wieder einpendelt. Es ist in Ordnung, wenn ich so diszipliniert bin und mein Abnehm-Ziel verfolge, aber auf alles zu verzichten ist ebenfalls doof. Schon allein wegen des berühmt berüchtigten JoJo-Effekts. Dieser tritt immer dann auf, wenn man nur verzichtet und sich schon fast runterhungert. Sobald man wieder anfängt normal zu essen und ab und zu sich etwas zu gönnen, wiegt man plötzlich mehr als vor der Diät. Strenger Verzicht auf alles führt sehr häufig zu Heißhunger- und Fressattacken. Besser ist es doch in Maßen zu genießen als dauerhaft zu verzichten. Zumindest kam ich zu dieser Erkenntnis und diese half mir, noch konsequenter zu werden. Ich erlaubte mir nur an bestimmten Tagen etwas zu naschen oder wenn ich wusste ich habe mich an diesem Tag mehr als ausreichend bewegt und dann auch nur in Maßen und nicht in Massen wie sonst.

Sogar das vorösterliche Fasten führte ich ein. In den Tagen von Aschermittwoch bis Ostersonntag verzichtete ich vollständig auf jegliche Süßigkeiten und Kuchen. Ich zog das jedes Jahr aufs Neue durch und es tat mir gut.

Vor meinem Entschluss endlich eine Normalfigur zu erreichen, trank ich am liebsten Limo, Kaba oder sehr stark gesüßten Tee. Ich stieg von heute auf Morgen auf Wasser um. Dies fiel mir schwerer als mich zum Sport zu motivieren. Draußen war ich sowieso immer gerne und da konnte ich das gleich mit Sport und Bewegung verknüpfen. Zuerst probierte ich, stilles Wasser zu genießen. Darauf bekam ich leider nur mehr Hunger und mehr

Heißhungerattacken. Deshalb wechselte ich zu Wasser mit Kohlensäure. Nach anfänglichen Schwierigkeiten mich zum Wassertrinken zu zwingen, fiel es mir zunehmend leichter die ungesunden Getränke durch Wasser zu ersetzen. Tee trank ich nach wie vor sehr gerne. Mit einem Unterschied: Ich verzichtete auf Zucker. Ja ich trank und trinke seitdem keinen gesüßten Tee mehr, außer meinen Krümmel-Tee. Auf den kann ich komischerweise nicht verzichten, obwohl er sehr süß ist. Auch Kaffee trinke ich am liebsten Schwarz oder mit Milch oder eben in Form eines leckeren Cappuccinos bzw. Latte Macchiatos. Meistens jedoch schwarz wie die Nacht, um erneut Kalorien einzusparen. Ich trainierte mir somit in gewissen Bereichen den Zucker ab.

Oft wurde ich während dieser Zeit gefragt, wie ich es schaffte auf einmal so viel abzunehmen. Ich antwortete eigentlich immer mit derselben Antwort: Weniger Essen und Sport treiben. Das ist jedoch nur die halbe Wahrheit. Ich schaffte den Gewichtsverlust, weil ich einfach ein Ziel hatte. Fokussiert und vor allem diszipliniert war. Sicherlich hatte ich auch den ein oder anderen Rückschlag oder das Gewicht stagnierte. Aber ich ließ mich nie entmutigen und machte einfach immer weiter. Eine Stagnation oder ein Rückschlag vernahm ich damals nicht einmal, da ich mich gar nicht erst auf die Waage stellte. Ich nahm meinen Körper einfach bewusster war und vertraute darauf, zu merken wann ich mich wohl und gut darin finde, ohne es an einer Zahl fest zu machen. Es ich auch beim Abnehmen egal wie oft du scheiterst oder hinfällst.

Wichtig ist nur eines: Wieder aufzustehen, Krone richten und weiter machen, bis das Ziel erreicht ist.

Irgendwann pendelte sich das Gewicht so bei 63 kg ein. Mit späteren Folgen während meiner Ausbildung zur Werkzeugmechanikerin.

Du Streber

Mein Gewicht und das Mobbing nahmen mich mehr mit, als meine Eltern ahnten. Deshalb zog ich mich mit den Jahren immer mehr in mich selbst und in mein eigenes Schneckenhaus zurück. Ich ließ kaum jemanden an mich heran. Wollte mich meine Mama mal in den Arm nehmen blockte ich sie ab. Mich durfte als Kind grundsätzlich niemand umarmen oder mir zu nahekommen. Ich wollte das einfach nicht. Kein Wunder. Ich war die Nähe und den Ausdruck von Geborgenheit und Liebe nicht gewohnt. Meine Eltern arbeiteten beide Vollzeit, um unser Haus abbezahlen zu können, da blieben Zärtlichkeiten gegenüber den Kindern häufig zu kurz.

Neben der Dauernachtschicht kam die Vollzeit-Hausaufgabenbetreuung meiner Schwester für meinen Vater hinzu. Dies bedeutete fast jeden Tag Streit und Geschrei.

Deshalb zog ich mich auch zu Hause zunehmend zurück. Entweder ich war beim Spielen im Zimmer bzw. draußen im Hof oder bei meinen Eltern im Schlafzimmer zum Fernsehen. Dort störte ich niemanden. Ich lernte nicht nur leise zu sein und niemanden unnötig auf die Nerven zu gehen, sondern vor allem mich selbst zu beschäftigen. Eine meiner besten Eigenschaften: Mir wird selten langweilig, da ich immer etwas finde, was ich tun kann. Noch ein weiterer Vorteil darin lag ich brauchte zum Spielen keinen. Vorteil aus einem Grund: Ich hatte eh kaum Freundinnen und so musste mich meine

Mama am Anfang nicht auch noch zusätzlich zur Arbeit durch die Gegend fahren.

Als ich eingeschult wurde, bot sich schließlich meine Oma an mir Hausaufgaben zu helfen und mit mir zu lernen. Papa war schon genug mit meiner Schwester beschäftigt und Mama ja nicht vor abends um 17.00 Uhr zu Hause. Somit hatte ich zu Beginn keine andere Chance. Zugegebenermaßen freute ich mich am Anfang sogar noch darüber, dass sich meine Oma extra die Zeit für mich nahm und Zeit mit mir allein verbringt. So gesehen war es eine Win-Win-Situation für alle: Meine Eltern wurden entlastet, meine Oma hatte eine sinnvolle Aufgabe und ich musste mich nicht allein durchkämpfen. Dies änderte sich im Laufe der Schulzeit allerdings.

Meine Oma meinte es sicherlich nur gut mit mir (sowie mit dem ganzen Essen und den Süßigkeiten), aber für mich war das Lernen oftmals eine Tortur. Sie war dermaßen streng zu mir. Wehe ich konnte die Hefteinträge nicht Wort-Wörtlich auswendig wiedergeben. Ich musste das gelernte so oft wiederholen, bis wirklich jedes Wort, wie es im Heft steht, saß. Sinngemäße Wiedergaben zählten bei meiner Oma gar nichts. Konnte ich das Gelernte schon, wurde trotzdem weiter abgefragt. Sogar mein Vater war einmal geschockt. Die Aufgabe bestand daraus, ein Gedicht auswendig zu lernen. Ich beherrschte es nach kurzer Zeit perfekt. Trotzdem musste ich es bestimmt 10-mal wiederholen. Irgendwann war es meinem Papa zu blöd und er meinte zur Oma, es reiche doch jetzt. Sie kann es schließlich schon. Alles, was mir meine Oma mir damit eingetrichtert hat, war ein etwas Falsches lernen. Ich lernte dadurch nur, alles auswendig lernen zu müssen und den Sinn dahinter nicht zu hinterfragen. Hauptsache für sie war ich bekomme eine gute, noch besser eine sehr gute Note. Dies führte zum nächsten Drill. Meine Oma war– zumindest, wenn es um meine Schulbildung ging – eiskalt. So stellte für sie die eins die einzige perfekte Note da. Eine zwei ließ sie gerade so noch durchgehen und die drei war kam einen Weltuntergang nach.

Es war, glaube ich, in der dritten Klasse als ich einfach einmal mit meiner Mama lernen wollte. Es ging um das Thema Feuerwehr in Heimat- und Sachkunde, kurz HSE. Ich schrieb eine drei Minus. Meine Mutter musste sich von Oma dann einiges an Schimpfe anhören und ich erst. Eine drei Minus. Das geht ja gar nicht. Deswegen gewöhnte ich mir immer mehr Perfektionismus an und lernte einfach stur auswendig. In den meisten Fächern wie Geschichte, Heimat- und Sachkunde, Biologie, etc. funktionierte dieses Lernen sehr gut. Natürlich gab es auch andere Fächer, welche schon verstanden werden mussten. Schlechter als eine drei war ich selten. In der Realschule empfand ich mit steigender Jahrgangsstufe selbst eine drei als „schlechte" Note. Ich steigerte mich selbst zunehmend in die Ansichten meiner Oma hinein. Dazu muss man aber sagen, dass ich meistens erst einen Tag vor der Schulaufgabe das Lernen anfing. Sprich teilweise 20 bis 30 Seiten an einem Tag stur auswendig lernte.

Dies glaubten mir meine Mitschüler/-innen nicht wirklich. Wie konnte jemand so kurz vorher lernen und dann gute bis sehr gute Noten schreiben? Durch mein Lernverhalten und Perfektionismus, wurde ich sehr schnell zum Klassenstreber. Der Streber, der Wochen vorher lernt, umsonst Panik schiebt und dem die guten Noten anscheinend nur so zuflogen. Stimmte allerdings in vielerlei Hinsicht nicht. Ja ich hatte Panik vor einer schlechten Note. Wie sollte ich diese meiner Oma erklären, wenn doch eine drei schon schlimm ist? Mit noch schlechteren Noten würde ich mich nicht mal mehr nach Hause trauen. Wochen vorher, wie bereits gesagt, lernte ich sowieso nicht. Ich prägte bzw. presste mir lieber den Unterrichtsstoff für die Schulaufgaben in mein Kurzzeitgedächtnis. Zugeflogen kam mir auch nichts. Ich musste schon etwas dafür tun: Nämlich lernen, mich zu Hause hinsetzen und mich mit den verschiedenen Unterrichtsstunden auseinandersetzen.

Der Perfektionismus steigerte sich. Irgendwann fing ich an mich mit anderen zu vergleichen und wollte immer besser sein. Sogar besser als meine Freundinnen. Ich sprach dies nie laut aus, aber hatten beide Freundinnen eine bessere Note als ich, war ich enttäuscht von mir.

Der Klassenstreber zu sein, war auch nicht immer schön. Dennoch hatte ich nur sehr, sehr selten bis gar nicht das Gefühl ausgeschlossen zu werden. Im Gegenteil. Es schien mehr so, als müsste diese Rolle einfach von jemanden übernommen werden. Noch dazu hatten sie einen „Klassenstreber", der trotzdem hinter der Klasse stand und (fast) jeden Blödsinn mitmachte. Gelegentlich half ich den andere bei den Stegreifaufgaben und Schulaufgaben sogar weiter und riskierte damit eine Note sechs. In Gegensatz zu einer meiner Freundinnen, die ihren Arm immer so legte, dass wirklich gar niemand abschreiben konnte. Ich half dagegen oftmals sogar bewusst weiter. Sie hatte einfach zu viel Angst beim Helfen erwischt zu werden. Ich zwar auch, aber trotzdem legte ich bewusst die linke Hand nicht über mein Blatt, sodass meine Mitschüler/-innen es sehen und lesen konnten. Und es wurde nicht als selbstverständlich genommen. Vielmehr bekam ich sogar sehr häufig ein Dankeschön (auch von den Jungs in der Klasse). Ich denke, ich half beim Abschreiben aus einem Grund: Nicht (noch) mehr ins Abseits geschossen zu werden und etwas Anschluss zu finden. Ja es ist bestimmt ein falscher Weg gewesen, aber ich wählte diesen mehr oder weniger bewusst aus. Ich ließ bewusst zu, dass andere meine Lösungen zumindest zum Teil abschreiben konnten. Alles natürlich nicht, denn irgendwann entstand in mir ein weiterer Ehrgeiz: Nämlich die Klassenbeste zu werden.

Den Ruf als Streberin hatte ich bereits inne. Also konnte ich genauso gut diesen Ruf unterstreichen, indem ich wirklich zur Klassenbesten wurde. Ich lernte praktisch noch mehr als davor. War doch eine drei schon für mich schlecht, steigerte ich meine Verbissenheit und war teilweise bereits bei der Note zwei maßlos von mir selbst enttäuscht. Außer im Fach Sport: Ich war noch nie sonderlich sportlich und das steigerte trotz Gewichtsverlust auch nicht so schnell. Hier reichten meine Fähigkeiten höchstens für die Note 2, aber ganz selten für die Note 1. Dafür fehlte mir die Ausdauer. Einige Sportarten oder Aufgaben lagen mir trotzdem. Ironischerweise zählten dazu der Schwebebalken und das Tanzen. Gegen Ende meiner Realschulzeit änderte sich dies allerdings ein wenig. Durch mehr Bewegung und Sport zuhause, steigerte ich automatisch meine Fitness. Ab und an erhielt ich dadurch in Sport ebenfalls eine Eins. Meistens eher die zwei und in gewissen Sportarten wie Schwimmen, Sprinten und Weitsprung mit viel Mühe und Not eher die drei. Kein Wunder: Die beste Schwimmerin war ich sicher nicht, fehlte mir doch mein Seepferdchen. Bedeutete ich kann zwar schwimmen, bin aber sicherlich nicht die Beste. Sprinten und Weitsprung dagegen liegen mir einfach nicht und das ist für mich auch Ok.

Sport zog schlussendlich meine Abschlussnote etwas nach unten. Trotzdem konnte ich stolz auf mich sein und das bin ich auch. Ich schaffte es die dritt Beste des Jahrganges zu werden mit einem Schnitt von 1,17. Neben lauter Einsen schafften es noch zwei Zweier ins Zeugnis. Fand ich allerdings halb so wild, da sich der Schnitt allemal sehen lassen konnte. Sogar mehr als das.

Meine gesamte Schulzeit über, war ich, durch mein Streberdasein, Omas Vorzeigemädchen. Mit mir konnte man super prahlen, welch ein nettes, liebes und vor allem kluges Mädchen ich doch war. Da sie anfangs immer mit mir lernte, verbuchte sie das natürlich als ihren Erfolg und ihr persönliches

Werk. Das Vorzeigemädchen der Familie zu sein, wurmte mich. Ein Grund mehr für meine Familie mein Gewichtsproblem runterzuspielen. Meine Stärken lagen halt woanders, um Beispiel beim Lernen für die Schule. Man kann nicht schlank und schlau gleichzeitig sein. Ich selbst hasste es eher, ungewollt ins Rampenlicht geworfen zu werden. Unsere Kleine ist so intelligent, sie schreibt fast nur Einsen. Genau das wollte ich nämlich nicht. Ich hatte mich mit meinem stillen Mäuschen da sein angefreundet und war zufrieden damit, nicht im Mittelpunkt zu stehen. Klar wollte ich einerseits die Beste sein, aber andererseits wollte ich auch nicht damit angeben oder gar, dass mit mir angegeben wurde. Warum musste mir damit so viel Aufmerksamkeit geschenkt werden, obwohl ich es nicht wollte?

Im Laufe der Pubertät begann ich mich wie alle anderen Mädchen auch, für das Thema Jungs zu interessieren. Sie allerdings nicht für mich, da ich A) sehr schüchtern und zurückhaltend war und B) wer will denn schon eine Streberin? – So dachte ich zumindest zu dieser Zeit. Trotzdem veränderte ich erstmal nichts, sondern blieb einfach die stille, schüchterne Klassenstreberin, die zuerst zu viel auf den Hüften hatte und dann einfach irgendwann etwas schlanker wurde.

Zu Beginn der Schule konnte ich mit Lesen nicht besonders viel anfangen. Bücher interessierten mich nicht sonderlich. Bücher in die Hand nehmen? Undenkbar, warum auch. Das machte für mich keinen Sinn, da ich als Kind einfach gerne rumtobte oder vor dem TV vergammelte. Am liebsten mit meiner Schwester zusammen. Das Verhalten änderte sich mit der Zeit ebenfalls. Ab der dritten Klasse entwickelte ich mich zu einer richtigen Leseratte mit mittlerweile mehr als 300 Bücher im Schrank und nochmal ca. 50 ungelesene. Schuld daran war damals der Hype um Harry Potter. Eine Stunde in der Woche wurde anstatt dem Fach Musik eine Dreiviertelstunde von Harry Potter und der Stein der Weisen vorgelesen. Da ich immer nicht darauf warten konnte, wie es weitergeht, bat ich meine Eltern mir doch bitte dieses Buch zu kaufen. Ich fing an, es selbst zu lesen und versuchte schneller zu sein als wir in der Schule damit waren. Das schaffte ich auch. Die Begleiterscheinung dieses Vorhabens war, dass ich Gefallen daran gefunden habe. Gefallen daran in eine andere, neue und fantasierte Welt einzutauchen. Den Alltag, dem Gewichtsproblem und dem Mobbing zu entfliehen. Deshalb war nach dem einen Buch noch lange nicht Schluss. Ich interessierte mich nicht mehr nur für die Harry Potter Reihe, sondern für andere Bücher. Egal wo es mit meinen Eltern hinging: Neben Mal-Sachen nahm ich immer ein Buch mit. In den Urlaub sogar teilweise bis zu 4 Bücher, obwohl ich meistens nur eins zu lesen schaffte. Die Welt der Bücher faszinierte mich immer mehr. Zog mich in ihren Bann.

Im Sommer liebte ich es draußen zu sein oder im Freibad – Jedoch immer mit einem Buch dabei. Diese Flucht in eine andere Welt, ließ mich meine Sorgen und Ängste vergessen, der Welt entfliehen und abschalten. Ich konnte mich entspannen und fühlte mich damit einfach wohl in meiner Haut. Mit der Zeit untermauerte das ständige Lesen allerdings meine Streber-Ader. Fand ich es schlimm? Irgendwie nicht, solange ich nicht im Mittelpunkt stand und es mir nicht vorgeworfen wurde.

Verleumdung und üble Nachrede

Das Streber-Leben hatte ihre Tücken und vor allem den ein oder anderen Nachteil. Schnell wurden die ein oder anderen Unwahrheiten über mich verbreitet. Im Nachhinein frage ich mich, warum mich das eigentlich so gewurmt hat als Kind. Schließlich scheint das Leben der verbreitenden Person langweiliger gewesen zu sein als meins. Außerdem muss man sich Neid erst verdienen, während man Mitleid bereits geschenkt bekommt. Hört sich zwar hart an, aber es steck dahinter sehr viel Wahres.

Heute denke ich, die Person war einfach neidisch auf mich, weil ich das tat, was ich wollte. Ich wollte lernen, um gute Noten zu schreiben und ich wollte Lesen. Vielleicht gönnte sie mir auch nicht die Realschule und neue Freunde. Ehrlich gesagt entwickelte sich diese Beziehung einfach auseinander. Jeder hat seine eigenen Interessen verfolgt. Meine Prioritäten lagen einfach anders. Dies änderte sich zwar auch wieder mit der Zeit, konnte diese Person nur nicht wissen.

Da ich vor 13:30 Uhr bis 13:45 Uhr nicht zu Hause war, wollte ich erstmal abschalten. Herunterkommen, Essen und danach meine Hausaufgaben erledigen. Was erledigt ist, ist erledigt und damit konnte ich den Rest des Tages einfach genießen. Bedeutete auch, dass ich vor 15 Uhr, eher Richtung 16 Uhr keine Zeit hatte. Die Lernzeit war da nicht inbegriffen. Lernen tat ich immer erst abends ab ca. 18 Uhr außer eine Schulaufgabe stand an. Eine unserer damaligen Freundinnen meinte jedoch täglich bereits vor der Türe stehen zu müssen, sobald ich nach Hause kam. Sprach ich es an, wurde es ignoriert. Also änderte ich meine Taktik und ging meinen Plänen nach. Sprich, sie konnte entweder mit meiner Schwester spielen bzw. was unternehmen oder sie stand einfach da und half meiner Oma, während ich Hausaufgaben erledigte und lernte oder einfach anfing zu lesen. Ich fing an sie zu ignorieren. Schließlich waren die Treffen nicht abgesprochen. Kein schöner Zug von mir, aber ich sah keine andere Lösung, nachdem ein Gespräch nichts half.

Als wäre das nicht genug, bekam ich dann einen richtigen Schlag in meine Magengrube. Eines Nachmittags lobte meine Oma besagte Freundin, weil sie ihr ja so fleißig geholfen hat und ich nicht. Ich saß nur drinnen und las. Erstens wollten sie meine Hilfe gar nicht und zweitens war es doch meine Oma die unbedingt nur gute Noten sehen wollte. Ich verstand in dem Moment die Welt nicht. Ich weiß zwar nicht mehr ob oder was ich gesagt habe, aber ich meine mich daran zu erinnern wütend geworden zu sein und der Wut auch Platz gegeben zu haben gegenüber besagter Freundin und auch gegenüber meiner Oma.

Ab den Tag entstand eine Rivalität und ein Streit brach aus. Die Folge daraus, es wurden auf einmal Unwahrheiten im Dorf verbreitet. An eine kann ich mich noch sehr genau erinnern, als wäre es erst gestern gewesen. Die Leute und Kinder erzählten sich doch tatsächlich, dass ich lieber las oder lernte als etwas mit Freunden zu unternehmen. Ja ich las als Besuch da war, aber nur weil mich es störte, nicht einmal in Ruhe nach Hause kommen zu dürfen. Das Ganze nicht nur einmal, sondern täglich. Mal ehrlich, wer will ständig spät nach Hause kommen in Gegensatz zu anderen und dann bereits zum Spielen erwartet werden? Ich wollte es nicht und sie war halt schon um 12 Uhr bis spätestens 13:00 Uhr zu Hause. Ich eben nicht. Und jeden Tag muss man sich doch auch nicht sehen, zumal ich tatsächlich auch andere Freunde hatte, mit denen ich etwas unternehmen wollte.

Wer mich also lange genug kennt und wirklich über Jahre mit mir eine Freundschaft pflegte, weiß, dass ich immer gerne etwas mit Freunden unternahm und eben nicht lieber las. Bei diesem Vorwurf handelte es sich um eine klare Unwahrheit, der aber Glauben geschenkt und nach Lust und Laune weiterverbreitet wurde. Heute kann ich darüber lachen. Auf so eine Idee muss man erst einmal kommen. Und ich würde dieses Gerücht nicht mehr lamentieren, sondern sogar noch anfeuern. Warum? Weil es einfach so lustig ist, dass ich darüber lachen kann. Alle weiteren Gerüchte oder sonstige Gemeinheiten, habe ich anschließend verdrängt – natürlich mit einem guten Buch in der Hand. Wie war das noch einmal? Ist der Ruf erst ruiniert, …

Werde ich Ernstgenommen? Nein.

Gerade unter Freunden sollte es normal sein, sich frei äußern und seine Meinung frei kundtun zu können. Dennoch ist das Thema „ernst nehmen" unter Freunden doch nicht ganz so leicht. Ja, es sollte eine Selbstverständlichkeit darstellen, ist es oftmals überhaupt nicht.

Die Erfahrung spricht für sich und zeigt deutlich: Nicht immer sind alle Freunde gut für einen. Sie müssen dich zwar nicht gleich Mobben, aber können dir auch anderweitig zeigen, dass du nicht wirklich zu ihnen gehörst. Dieses Gefühl hatte ich öfter als mir lieb war, wenn wir mit einer Gruppe unterwegs waren. Meistens so drei bis fünf Mädels, die eigentlich gerne miteinander weggingen. Heute würde ich felsenfest behaupten, ich fühlte mich als das fünfte Rad am Wagen. Es ging aber nicht nur mir so. Durch dieses Gefühl durfte ich eine meiner heutigen besten Freundinnen kennenlernen. So gesehen hatte ich Glück im Unglück. Doch wie kam es überhaupt soweit mich trotz Freundschaft ausgeschlossen zu fühlen?

Ich konnte nicht aus meiner schüchternen und zurückhaltenden Haut, auch nicht als ich gut 25 Kilo abgenommen hatte. Trotz des Gewichtsverlustes fühlte ich mich nie wohl in meiner Haut und hatte ständig das Gefühl immer noch zu dick zu sein. Im Nachhinein würde ich sagen, das war kompletter Blödsinn. Aber als Teenagerin sieht man das Leben halt anders als Erwachsener mit mehr

Erfahrung. Deshalb hielt ich mich stetig zurück. Als meine Schulfreundin damit anfing weg zu gehen und Party zu machen, zog sie mich glücklicherweise immer mit und ich hatte dabei auch meinen Spaß. Wir redeten über vieles doch nie über Jungs etc. Dafür hatte sie zwei andere Freundinnen. Eine davon lernte sie mehr oder weniger durch mich und meiner alten Klasse kennen. Diese hatte immer ihre neue Freundin aus ihrer neuen Klasse bei sich. Als fünftes Mädchen schloss sich zusätzlich ein Mädel an, welches meine Schulfreundin aus ihrem Wohnort kannte und eine Stufe unter uns war.

So gesehen gaben wir schon einen witzigen kleinen Haufen pubertierender Mädchen ab, die sich sehr gut verstanden. Jede von uns hatte ihre Stärken und Schwächen, die uns allen zugutekamen. So wie etwa die Besuche der Rocknächte, Partys, Volksfeste, etc. Es machte immer riesig Spaß. Im Mittelpunkt stand dabei immer meine Schulfreundin plus die beiden anderen Mädchen. Das Mädchen aus demselben Wohnort und ich standen immer etwas im Hintergrund, sobald wir zu fünft weggingen. Wir zeigten halt auch nicht für jeden gleich unser Interesse an den Jungs und konnten auch nicht ganz so offen auf andere zugehen. Vor allem ich nicht. Ich hielt mich gerne im Hintergrund und lies die anderen Strahlen. Deshalb bekam ich sehr schnell das Gefühl, einfach nur das fünfte Rad am Wagen zu sein. Irgendwann wurde ich gar nicht mehr so oft gefragt, ob ich mitkommen möchte. Vielmehr unternahmen drei der fünf Mädels zunehmend mehr miteinander ohne uns anderen beiden.

Dies fiel nicht nur mir auf, sondern auch dem fünften Mädel. Wir begannen uns zusammenzuschließen und immer mehr anzufreunden. Dank ihr hatte ich eine sehr schöne Zeit, an die ich mich sehr gerne zurückerinnere. Wir verstanden und verstehen uns immer noch sehr gut. Bei ihr hatte ich das erste Mal das Gefühl offen sein zu können und eine Ansprechpartnerin zu haben, die mir wirklich zuhört und mir zur Seite steht. Dies beruhte, so denke ich, auf Gegenseitigkeit. Ich bin nach wie vor immer für diese Person da, auch wenn wir uns aufgrund der Entwicklungen, nicht mehr ganz so häufig sehen.

Bei den anderen drei kam diese Vertrautheit nicht auf. Gerade das Mädchen aus meiner ehemaligen Klasse entwickelte sich etwas zum Negativen. Sie und ihre neue Freundin sahen oftmals eher von oben auf mich herab und behandelten mich auch so. Sagte ich mal etwas, hörten sie entweder gar nicht zu oder meinten „Ja, ja, du schon wieder". Oder ähnliches. Im Endeffekt lief es eher darauf hinaus, dass die beiden mich nicht mehr beachteten. Redeten sie trotzdem mal mit mir, wurde ich nicht wirklich ernst genommen oder etwas veräppelt, als hätte ich von gar nichts eine Ahnung und sie wären allwissend.

Ich selbst würde von mir behaupten ein sehr toleranter Mensch zu sein, der immer auf den Boden bleibt oder hart daran arbeitet bodenständig zu bleiben. Ich wurde einfach so erzogen, egal wie viel Geld ich verdiene, welchen Job ich nachgehe – ich bin genauso wertvoll wie alle anderen

Menschen auch. Also behandle ich die anderen auf Augenhöhe und möchte genauso behandelt werden. Das weiß ich heute. Damals wusste ich es nicht und ließ mich so behandeln. Ich war einfach nur froh und glücklich darüber Anschluss gefunden zu haben. Aber genauso sollte es eben nicht sein. In einer Freundschaft oder auch in einer Beziehung sind alle Beteiligten gleichwertig. Niemand ist besser oder schlechter. Deshalb fand ich das Verhalten der Mädchen einfach oberflächlich – auch wenn mir dies als Jugendliche nicht bewusst war.

Würde ich sie heute kennenlernen, würde ich sagen sie sehen sich als was Besseres an und ziehen ganz schnell ihre Vorurteile gegenüber anderen Personen. Dementsprechend behandeln sie diese Person auch. Als ich damit begann zu 100 Prozent den Willen zum Abnehmen zu haben, wurde ich gar nicht wirklich ernst genommen. Sie taten das als nichts und vor allem unmöglich ab. Als ich jedoch ernst machte, hieß es nach einiger Zeit das reicht doch schon, obwohl ich mich noch nicht so sah wie ich gerne sein wollte. Eigentlich hatte ich mir diesbezüglich etwas mehr Unterstützung gewünscht seitens meiner Freundinnen gewünscht. Diese bekam ich leider nicht. Mädchen untereinander können schon ganz schön unfair werden, vor allem, weil eine davon selbst etwas übergewichtig war. Man sah ihr oftmals den Neid an, dass ich es schaffte an Gewicht zu verlieren und sie nicht. Neid und Angst schweifte vielleicht auch bei den anderen beiden mit, da ich ja immer das Mobbelchen war, welches nicht beachtet wurde beim Ausgehen. Dies könnte sich jetzt ändern.

Wie bereits gesagt: In einer funktionierenden Freundschaft sollte dies nicht so ablaufen. In einer Freundschaft ist man füreinander da und respektiert seine Gegenüber. Unterstützt sie, freut sich füreinander und hält einfach zusammen.

Typischer Mitläufer

Die Schlussfolgerung aus dem Kapitel vorher lautete deshalb: Ich wurde schnell zur typischen Mitläuferin. Ja ich war nach wie vor die Klassenstreberin und die schüchterne. Genau in dieser Rolle zwang ich mich immer mehr selbst.

Dank den anderen Mädchen kam ich allerdings dann doch mal raus und weg, in Gegensatz zu meiner zweiten Schulfreundin, zu der ich hauptsächlich in der Schule Kontakt hatte. Sie unternahm nur ganz selten etwas mit uns allen. Eher seilte sie sich ab und vergrub sich in ihrer eigenen Welt.

Nach außen hin wirkte ich immer glücklich und zufrieden, vor allem durch meine Freundschaften. Trotzdem stellte ich mich selbst immer wieder auf das Abstellgleis. Ich wurde mehr und mehr zur typischen Mitläuferin, die alle anderen noch mehr strahlen lies. Praktisch war ich für die anderen der Wing-Man. Ich war einfach immer dabei, aber selten mittendrin. Dies nutzte vor allem meine Klassenkameradin aus. Wenn sie wo hinwollte, hatte sie praktisch immer jemanden der immer mitkommt und wenig Fragen stellte. So musste sie nirgends allein auftauchen. Kann man jetzt negativ sehen, aber auch positiv. In gewisser Weise war dies für mich gut, da ich sonst höchstwahrscheinlich zu Hause in meinen Büchern versunken und damit niemals vor die Tür gekommen wäre.

Nachteilig war jedenfalls die Tatsache, nie richtig von den anderen Wahrgenommen zu werden. Ich war halt einfach dabei.

Da ich einfach auch gar nicht Nein-Sagen konnte, konnte man mich sehr schnell für Dinge begeistern oder zumindest mitziehen. Ich ging mit ins Freibad, spielte mit Beach-Volleyball obwohl ich es eigentlich bis dato gar nicht konnte, ging abends mit auf Rocknächte oder sonstiges und schmuggelte mich dort auch wieder rein, nachdem wir eigentlich aufgrund unserer Minderjährigkeit bereits draußen sein sollten. Natürlich wurden wir dabei auch erwischt. Gemeinsam mit meiner Schwester und ihrem damaligen Freund ging es zum Rodeln oder in die Therme Erding. Dort in die Sauna – aber nur mit Bikini. Mit den Freundinnen ging es sogar ab und an auf Shopping-Tour, obwohl mir das absolut nicht lag. Als Begleitung und Ratgeberin war ich, so denke ich, einfach eine gute Wahl. Vor allem, weil ich selbst nur ungern für mich nach Kleidung suchte.

Als ich jedoch älter wurde änderte sich dies auf einmal. Ich traute mir selbst mehr zu. Fuhr etwa allein mit zum Fußball, was früher niemals denkbar gewesen wäre. Ich entwickelte mich sogar zu einem absoluten Fan mit Dauerkarte, da ich im Block einfach unsichtbar wurde und mit der Masse verschmolz. Hier konnte ich aufblühen und sogar neue Freundschaften schließen.

Irgendwann nahm ich meinerseits eine Begleitung mit, um nicht allein zu sein. Nicht selten griff ich dabei auf meine Schwester zurück. Damit hatten wir beide eine Win-Win-Situation. Sie kam raus und ich hatte eine Begleitperson dabei. Gerade abends beim Weggehen war das Optimal, denn sie konnte meine Aufsichtsperson machen. Damit durfte ich auch etwas länger bleiben. Bedeute ich nutzte irgendwann auch meinen Vorteil aus. Ich denke aber es war für beide Seiten eine Win-Win-Situation, da meine Schwester auch jemanden dabeihatte. Zudem waren unsere Eltern etwas beruhigter.

Überlebens-Instinkt

Mit den Jahren lernte ich, mich immer mehr zurückzuziehen. Darin war ich richtig gut, ohne aufzufallen in den Hintergrund zu rutschen. Durch meinen Bücherwahnsinn entwickelte ich mich immer mehr zu einer wahren Leseratte. Ich konnte damit der Welt ein Stück weit entfliehen und eine der Charaktere in meinen geliebten Büchern sein.

Neben der Flucht in meine eigene Fantasie-Welt verschloss ich mich ein Stück weit. So wissen bzw. wussten meine Eltern bis dato nicht, wie ich meine Schulzeit und mein Übergewicht empfand. Ganz zu schweigen von dem Mobbing. Das bekamen sie bei meiner Schwester genug mit und ich wollte sie nicht auch noch mit meinen Sorgen belasten.

In gewisser Weise bestimmt nachvollziehbar, dass ich mit niemanden wirklich reden konnte und auch gar nicht wollte. Wer selbst Opfer von Mobbing ist oder war, weiß wie es ist. Irgendwie weiß man selbst man müsste sich wehren, sich jemanden anvertrauen und Hilfe suchen. Doch man kann es einfach nicht aus vielerlei Gründen. Zum einen aus Scham oder zum anderen einfach um niemanden zur Last zu fallen. Ich selbst glaubte auch oft, dass es einfach nichts bringt, denn wer sollte mir den schon helfen können, wenn ich mir nicht einmal selbst helfen konnte?

Bei meiner Schwester schalteten sich Oma und Mama ein, als es mit dem Mobbing immer schlimmer wurde. Sie konnte die Schule nicht so wie ich wechseln und musste es dort auf der Volksschule aushalten. Dort, wo alles unter den Tisch gekehrt wurde. Sie suchten das Gespräch mit dem Rektor der Schule, mit den Lehrkräften und sogar mit den Mobbenden Schülern. Das Ende vom Lied war jedoch das Gegenteil, von dem sie sich erhofften: Es wurde immer schlimmer anstatt besser, das Mobbing nahm und nahm zu. Genau davor hatte ich immer Angst. Deshalb entwickelte ich einen eigenen persönlichen Überlebens-Instinkt.

Zuerst klammerte ich mich immer an die Hoffnung irgendwann abzunehmen. Als dies zu Beginn nie funktionierte, glaubte ich fest daran mit dem Übertritt auf die Realschule wird alles besser und ich entkomme so dem Ganzen. Damit sollte ich zumindest ein Stück weit recht behalten, denn ich fand ja neue „Freunde" und kam auch etwas aus meinem Schneckenhaus heraus. Musste ich doch etwas vergessen oder wollte es verdrängen, flüchtete ich einfach in meine eigene Welt. Bedeutet entweder ich flüchtete mich in die Welt meiner Bücher oder erlebte aufregende Tagträume mit einem Leben so wie ich es gerne hätte. Diese war frei von Mobbing, frei von Hänseleien und ich war einfach schlank, sportlich, beliebt und begehrt.

Vom Dorfleben verabschiedete ich mich auch. Ursprünglich wollte ich nie aus meinem Heimatdorf weg. Dies änderte sich mit jedem Jahr, was ich Älter wurde. Zuerst war der Wunsch stark, das Haus

meiner Großeltern zu Übernehmen und zu reno-
vieren. Bald schon sah ich ein, dass mir die Raum-
aufteilung nicht gefiel und ich deshalb irgendwann
mit dem richtigen Partner in den Garten meiner Eltern bauen wollte. Der Ausschluss im Dorf und der
fehlende Anhang brachten mich schließlich soweit
gar nicht mehr dort wohnen zu wollen. Ich wollte
weg. Raus aus diesem Dorf, raus aus der nicht
vorhandenen und trotzdem hoch gelobenden Dorfgemeinschaft. Wenn ich schon wegen meines
Nachnamens aus Willkür ausgeschlossen wurde,
wie sollte es dann meinen Kindern irgendwann er-
gehen? Ich würde sie mit voller Wucht und mit „Absicht" ebenfalls dem aussetzen. Dies konnte ich
mit meinem Gewissen nicht vereinbaren und
schwor mir selbst, dies meinen Kindern niemals
anzutun. Sie davor zu schützen, davor zu bewahren, soweit ich es als Mutter eben kann. Lieber
verließ ich meinen jahrelangen Heimatort – zumindest vorerst.

Wohin es mich verschlagen sollte, wusste ich zu
dieser Zeit nicht. Aber mir war eines klar: Finde ich
einen Partner, dem ich zu 100 Prozent vertraute,
der zu mir hielt, den ich liebe und mit dem ich mir
Kinder vorstellen kann, dann ziehe ich dorthin, wo
er leben will. Ich hatte schließlich nichts mehr zu
verlieren und konnte nur noch gewinnen. Praktisch
einen Neustart wagen, an einem Ort, an dem mich
niemand kannte.

Bis es allerdings so weit sein sollte, klammerte ich
mich einfach nach der Realschule an diesen

Wunsch: Raus aus dem Dorf und woanders bei 0 anzufangen. Dies war mein neuer Rettungsanker.

Zudem entwickelte ich mir selbst ein Mantra: Es wird besser und ich habe ein besseres Leben verdient. Woanders kennt mich schließlich niemand, also fällt es mir dort bestimmt leichter Anhang zu finden, akzeptiert zu werden und mich einbringen zu können – So war zumindest vorerst der Plan. Ein Plan, der sich immer mehr zu einem Ziel entwickelte.

Ausbildung 1.0

Meinen Traumberuf wusste ich lange Zeit nicht, auch nicht was ich nach meiner Schulzeit eigentlich wollte. Eines stand auf jeden Fall fest: Auch wenn es von den Noten her am naheliegendsten schien, konnte ich es mir nicht vorstellen weiterhin eine schulische Laufbahn einzuschlagen. Vielmehr entwickelte sich in mir der Wunsch eine Ausbildung zu starten. Zu studieren wirkte unwirklich, auch wenn ich ursprünglich Architektin werden wollte. Dieses Ziel nahm mir der Berufsberater. Dort hieß es: „Mit diesem Wunsch kannst du dich nach dem Studium sofort arbeitslos melden". Also wollte ich dann doch eher etwas Handwerkliches oder etwas mit Design anstreben.

Mein absoluter Lieblingswunsch war während der Bewerbungsphase schließlich technische Produktdesignerin. Hier gab es allerdings ein kleines Problem. Den Ausbildungsberuf wollten viele und es wurden nur sehr wenige dafür genommen. Ein weiterer interessanter Beruf war für mich Maler und Lackierer. Ich weiß bis heute nicht warum, aber irgendwie fand ich den Beruf toll. Eines wusste ich sicher: Ich wollte niemals den Beruf lernen, den mein Papa erlernt hat.

Es kam allerdings mal wieder anders, da ich mir zu viel einreden ließ. Nicht von meinen Eltern, denn die waren glücklich, dass ich eigenständig eine Ausbildung suchte und auch eine Ausbildungsstelle annehmen wollte. Sondern von meiner

Patentante. Sie sah mich eher im Büro. Nachdem ich mitgeteilt hatte, mir liege den ganzen Tag kopieren und Depp für andere zu machen nicht (So formulierte ich es allerdings nicht), fand sie eine Alternative. Der Top-Arbeitgeber Nummer eins in unserer Umgebung, bot duale Ausbildungen an. Sprich man erlernt einen Beruf und verdient Geld und geht nebenbei auf die FOS bzw. das letzte halbe Ausbildungsjahr komplett auf die Schule. Mich überzeugte das nur, da ich wusste mit dem richtigen Studiums Zweig konnte ich Konstrukteurin werden. Also nahm ich ihren Vorschlag an. Ich bewarb mich zuerst bei ihrem Lieblingsarbeitgeber um den Platz als technische Produktdesignerin und wählte als Alternative den ihr vorgeschlagenen Ausbildungsberuf Werkzeugmechanikerin mit FOS aus. Wäre ich früher mal so schlau gewesen und hätte mir die Beschreibung des Berufes genauer durchgelesen. Ich trat nämlich ins Fettnäpfchen, da ich es klasse fand das technisches Zeichnen zur Ausbildung gehörte und ich danach mittels abgeschlossenen Studiums doch im Büro als Konstrukteurin anfangen konnte.

Ich bewarb mich leider damit doch für genau denselben Beruf, den damals mein Papa erlernte. Damals hieß es allerdings Werkzeugmacher. Wir kamen zu dieser Erkenntnis erst kurz vor dem Bewerbungsgespräch, welches zusammen mit den Eltern durchgeführt wurde. Das nur durch Zufall, da mein Papa mich kurzvorher erst fragte für welchen Ausbildungsberuf ich eigentlich genommen werden würde. Natürlich bot die Firma mir in dem Beruf eine Stelle an und ich wurde nicht als technische Produktdesignerin genommen. Ich vermute, das lag am Notendurchschnitt. Mit meinem guten Abschluss sahen sie mich wahrscheinlich eher als Studentin und damit guten Nachwuchs im Büro nach erfolgreichem Studium.

Da mir die Alternativen fehlten – ich wurde tatsächlich als Maler und Lackiererin aufgrund meines Notendurchschnitts abgelehnt, da sie Angst hatten mir fällt danach ein, ich möchte doch lieber Studieren – nahm ich diese Stelle an. Ich sah sie als gute Zwischenstation vor dem Studium und einfach als WIN-WIN. Sollte es mit dem Studieren nicht funktionieren, habe ich einen Beruf erlernt und kann in diesem weiterarbeiten. Sollte es mit dem Studium funktionieren, kann ich endlich eine Stelle als Konstrukteurin annehmen oder doch etwas in Richtung Architektur studieren und ich verdiente bereits bis dahin mein eigenes Geld.

Insgesamt waren wir 12 Auszubildende. Fünf Mädels und sieben Jungs. Ich verstand mich mit den Mädels so weit gut, war aber auch hier immer das fünfte Rad am Wagen, da sich die Mädels praktisch immer zu zweit zusammentaten. Mit einer der Damen kam ich aber sehr gut zurecht. Und als wir beide dasselbe Studium begonnen, unternahmen wir auch viel – Es ging halt ab und an in die Disco. Wie es eben für Studentinnen üblich ist.

In den FOS-Stunden waren wir mit einer anderen Ausbildungsgruppe zusammengewürfelt. Dort waren nur zwei Mädchen vertreten, da Kfz-Mechatroniker anscheinend doch noch mehr als Männerberuf angesehen wird. Auch wenn wir verschiedene

Ausbildungen absolvierten kamen wir mit den andren in der Berufsschule sehr gut aus und hielten zusammen – Trotz regelmäßigen Neckereien untereinander.

Allem in allem muss man klar und deutlich sagen: Ich genoss die Ausbildungszeit. Zwar hatte ich dort auch die ein oder andere Hürde zu bewältigen und entwickelte mich dort ebenso als Mitläuferin wie bereits in meiner Schulzeit, dennoch waren überwiegend mehr positive Seiten als Negative. Als es zu den Versetzungsstellen kam, sah ich meine Ausbildungskolleg/-innen meistens nur noch zu den Unterrichtsstunden. Wir wurden jeweils zu zweit immer an eine Stelle verfrachtet. Dort kamen wir immer mit anderen Ausbildungsberufen in Kontakt und jeder suchte für sich seinen Anschluss.

Was mir nach einiger Zeit auffiel: Ich kam immer genau mit den Personen besser zurecht, die sich ebenfalls etwas zurückzogen und als „Außenseiter" tituliert wurden. Den ruhigeren praktisch. Ich fühlte mich bei diesen Personen einfach wohler, da ich mich dort nicht so verstellen musste. Was mir niemals in den Kopf ging, war, warum andere so vorverurteilt wurden. Teilweise wurde mit den Leuten noch nie ein Wort gewechselt und trotzdem wurden sie ein Stück weit ausgeschlossen.

Während meiner Ausbildungszeit wuchs ich in meiner Persönlichkeit weiter. Ich traute mich – Dank den Mädels, die mich gerne immer mitzogen – mehr zu. So nahmen wir am ersten 24-Stunden-Lauf mit anderen Auszubildenden teil. Vertreten waren hier 3 von 5 Mädels, unter ihnen natürlich auch ich. Davor hasste ich laufen bzw. joggen. Man könnte sagen, ich hatte schlicht und ergreifend keinerlei Kondition hierfür. Zwei Monate vorher begann ich deshalb erst mit dem Laufen. Ziemlich schnell plagten mich während der Veranstaltung Krämpfe und ich war eine von den langsamsten. Aber die Menge und vor allem die Läufer unter sich, zogen einen mit. Damit hielt ich die 24-Stunden und meine Laufeinheiten sehr gut durch. Danach zählte das Joggen zu meinen Lieblingssportarten. Ich fing an regelmäßig laufen zu gehen und das machte sich nicht nur an meiner Kondition bemerkbar. Meine Figur konnte ich damit definieren und sehr gut halten. Gerade meine Beine waren trainierter. Ein weiterer positiver Nebeneffekt: Ich konnte mich einfach so richtig auspowern, wenn etwas nicht so lief wie es sollte. Ich brauchte diese Sporteinheit und das Schwitzen für mein inneres Gleichgewicht – so blöd es auch klingen mag.

Ein weiteres Highlight war der Fußball-Cup, bei der verschiedene Mitarbeiter ein Fußballteam zusammenstellen und ein Turnier bestritten. Für mich stellte dies ein komplettes Neuland da. Von meiner Ausbildungsgruppe nahm niemand teil und schon gleich gar kein Mädchen. Ich war die einzige Fußballinteressierte und vor allem verrückte, auch wenn ich nicht selbst in einer Mannschaft spielte. Aufgenommen und akzeptiert wurde ich von den Azubis anderer Jahrgänge und Ausbildungsgruppen sehr gut. Ich glaube sie fanden das sehr amüsant ein Mädel dabei zu haben. Meine Einsätze waren zwar nur sehr kurz, aber trotzdem großartig. Ich durfte und konnte endlich einmal Fußball spielen. Trotz des Joggens war meine Kondition immer noch nicht gerade die Beste. Spaß gemacht hat es trotzdem und das ist die Hauptsache.

Richtig über mich hinausgewachsen bin ich mit einer Vortragsreihe der Auszubildenden. Wir wurden gezielt an Schulen eingesetzt, um Vorträge zu halten. Zusammen mit den gleichen zwei Mädchen wie beim 24-Stunden-Lauf meldeten wir uns Freiwillig an daran teilzunehmen. Sprich ich musste vor fremden Kindern und Jugendlichen sprechen, die ich nicht kannte. Vor meinem ersten Vortrag fragte ich mich, warum ich mir das antat. Schließlich hasste ich in der Schule bereits Referate. Also wie kam ich auf die bescheuerte Idee jetzt Vorträge zu halten und junge Mädchen dazu zu animieren keine Angst vor so genannten Männerberufen zu haben? Hinzu kam mein mangelndes Selbstbewusstsein aufgrund der Mobbingattacken. Ich fühlte mich vor den Schulklassen immer unsicher, unscheinbar und fehl am Platz. Im Endeffekt war ich froh, wenn es vorbei war. Das Feedback war jedoch durchweg positiv. Auch an meiner früheren Schule, die ich unbedingt besuchen wollte und deswegen den Einsatz mit wem anderen tauschte. Es war fast wie Heimkommen und mein alter Klassenleiter freute sich über den Besuch. Sogar andere Lehrkräfte erkannten mich wieder. Ein schönes Gefühl, trotz meiner Unsicherheit.

Was mir in diesen Situationen half über meinen eigenen Schatten zu springen: Ich habe mir antrainiert zu Lächeln, auch wenn ich mich nicht danach fühle. So konnte ich die persönliche Unsicherheit gut überspielen.

Natürlich hatte die Ausbildung ihre Tücken und Fettnäpfchen für mich. Teilweise wurde ich nicht so gut aufgenommen, wie ich es beispielsweise gerne gehabt hätte. Ich schien oftmals einfach zu uncool oder als Spaßbremse aufzutreten. Zwei weitere Vorurteile, die ich teilweise bis heute noch nicht losgeworden bin. Ja ich bin zu Beginn immer etwas zurückhaltend, schüchtern und ruhig. Lerne ich die Leute und sie mich jedoch besser kennen und ich vertraue ihnen, taue ich auf. Mein Vertrauen muss man sich eben erst erarbeiten, bevor man die aufgeschlossene kennenlernt und nicht die zurückgezogene.

Diese Eigenschaft führte zu einigen Ausgrenzungen an den Versetzungsstellen bis hin zum ausgelacht werden. Vieles davon geschah hinter meinem Rücken, doch ich war ja nicht doof und schon gleich gar nicht auf den Kopf gefallen. Man bekommt immer mehr mit wie man eigentlich wollte. Leider.

Hallo Spaßbremse

Das Thema Vorurteile begleitet mich bereits ein Leben lang. Von der dicken, fetten Kuh über Schweinebraten und Streberin bis hin zur Spaß-bremse war so einiges vertreten. Ja mich schmerzt das heute noch. Gerade ein Vorurteil tat mir immer besonders weh, nachdem ich mein Gewicht end-lich in den Griff bekommen hatte: Ich bin eine Spaßbremse, verklemmt mit Stock im Popo. Das sagte sogar mal einer direkt zu mir. Ich solle doch diesen Stock einmal herausziehen. Das brachte mich zum Nachdenken. So versteift ich oftmals rüberkomme, bin ich in Wirklichkeit gar nicht.

Vielmehr baute ich mir aus reinem Selbstschutz eine Mauer auf. Eine Mauer, die erst durchbrochen werden muss, bevor ich mich gegenüber anderen wirklich öffnen kann. Locker werde und scherze.

Grundsätzlich bin ich jemand, den man für alle möglichen Dinge und Blödeleien begeistern kann. Ich bin also gerne bei jedem Blödsinn mit dabei, aber nur halt mit den richtigen Menschen. Bei an-deren komme ich deshalb ganz oft als die mit dem Stock im Arsch oder gleich noch schlimmer als ar-rogant herüber. Meistens wurde hinter meinem Rü-cken deshalb getuschelt. Selbst bekommt man je-doch mehr mit als andere meinen.

Einer hatte den Mumm mir das zu schreiben, nicht mal ins Gesicht zu sagen, sondern schlicht und er-greifend zu schreiben. In meiner Jugend so ab 17 Jahre ungefähr, hatte ich ab und an tatsächlich ein

Blind-Date. Ich glaube insgesamt waren es vier. Einer davon meinte nach dem Treffen ich war zu versteift und sollte mal den Stock aus dem Arsch ziehen. Ich fragte mich danach häufig, was er denn meinte wie so ein Treffen abläuft. Zum einen war ich mehr als nur aufgeregt und zum anderen stimmte auch irgendwie das Zwischenmenschliche nicht auf Anhieb. Wenn mir der Gegenüber nicht sofort sympathisch ist, versteife ich automatisch und geh in meine Abwehrhaltung über.

Meistens rede ich dann fast gar nichts mehr und schweige lieber. Sprich mir muss man alles, aber auch wirklich alles aus der Nase ziehen, wobei ich ja sonst eher der Kommunikative Typ bin. Kenne ich die Leute schon länger schaffe ich es quasi ohne Punkt und Komma zu quasseln. Da kenne ich kein Halten mehr. Einmal losgelegt, bin ich kaum mehr zu bremsen.

So gesehen habe ich zwei Seiten: Eine ruhige, zurückgezogene, schüchterne und eine andere aufgeschlossene, redselige Art und Weise. Bisher sah ich daran nur selten Nachteile, da sich so wenigstens herausfinden lässt, wer wirklich Interesse daran hat mich als Person kennen zu lernen und wer nicht.

Vorzeigemädchen bricht aus

Im Laufe der Jahre wurde ich immer mehr zum Vorzeigemädchen meiner Familie. Neben den guten, ok, den sehr guten Noten, kam noch die Disziplin zur Gewichtsabnahme und der damit einhergehende Gewichtsverlust hinzu.

Gleichzeitig wuchs der Druck seitens meiner Oma immer mehr. Ich musste ständig gute Noten mit nach Hause bringen. Das wurde mir irgendwann einfach zu viel. Ich war immer das anständige und brave Mädchen, dass sich nur für die Schule interessiert, keinen Alkohol trinkt und brav das machte, was andere von ihr erwarteten. Mein Leben war so gut wie vorbestimmt: Erst einen sehr guten Schulabschluss einheimsen, dann eine Lehre hinterherlegen und danach Studieren. Wurde die dritte Hürde erreicht, hofften vor allem meine Patentante, dass ich ein „höheres Tier" bei einer angesehenen großen Firma in der Umgebung werde und damit später einmal das notwendige Vitamin B für ihre Enkelkinder bin.

Eines vergaßen sie dabei, was aus der Physik schon bekannt ist: Druck erzeugt Gegendruck. Ich konnte nach einiger Zeit einfach mit dem aufgebauten Druck nicht mehr umgehen. Mir wurde es zu schlicht und ergreifend einfach zu viel – vor allem immer dieses „scheinheilige" Loben und eine perfekte Welt vorzugaukeln, die alles andere als Perfekt war.

Deshalb brach ich aus. Nicht so schlimm wie sich jetzt vielleicht der ein oder andere vorstellt, aber für mich trotzdem schlimm genug. Heute schäme ich mich sogar für diese Ausbrechversuche.

Ich zog mir eine negative Seite zu, auf der ich nicht Stolz bin und die mich oft dazu brachte, dass ich mich für mich selbst schämte. Andere litten darunter ebenso – Vor allem meine Eltern, da diese nicht mehr wussten, wie sie mit mir umgehen sollten. Ich war nicht zu bändigen. Durch meine Freundinnen bekam ich immer mehr Lust aufs Weggehen und vor allem aufs Alkoholtrinken. Ich kannte meine Grenzen sehr gut, doch irgendwann fing ich an diese einfach zu überschreiten. Nein, ich kann nicht behaupten, dass ich etwas angeheitert oder betrunken war. Vielmehr neigte ich dazu sturzbesoffen zu sein. Nicht selten kannte ich mich nicht mehr aus, hatte einen totalen Black Out und konnte teilweise auch gar nicht mehr allein laufen. Ab und an wusste ich nicht mal mehr, wie ich überhaupt nach Hause gekommen war. Das allein ist für ein Mädchen schon nicht schön, hinzu kamen dann aber immer wieder sehr peinliche Ausrutscher oder besser gesagt ziemliche Aussetzer. Ich würde jedem, der zu Alkohol greift, um Probleme zu vergessen raten: Lass es lieber bleiben. Deiner Gesundheit zu liebe und vor allem um Peinlichkeiten zu vermeiden.

Sobald mein Tiefpunkt erreicht ist, werde ich sehr sentimental und vor allem emotional. Jeder reagiert anders auf zu viel Alkohol. Die einen werden aggressiv, andere denken nur ans Schlafen und ich fing immer, aber auch wirklich immer, zum Weinen an und klagte mein Leid. Es ging immer darum, nicht mehr im Mittelpunkt stehen zu wollen und nicht mehr als Objekt zum Angeben betrachtet zu werden. Ich hatte keine Lust mehr darauf der Streber und das Vorzeigemädchen der Familie zu sein.

Leider bekamen diese Weinerlichkeiten sehr häufig andere mit. Gepaart mit dem nicht mehr eigenständig laufen zu können plus weiterer Jammerei, gab ich wohl ein sehr erbärmliches Bild für jemanden ab, der mich nicht kannte. Nicht selten sah ich den ein oder anderen den Kopf schütteln. So machte ich mich zu allem Übel selbst noch zum Gespött der Menschen – Gerade bei den Leuten aus dem Dorf.

Ich verlor immer mehr die Kontrolle über mich selbst. Trank auch immer mehr Alkohol. Zum Glück hatte ich immer gute Aufpasser an meiner Seite. Da ich viel mit meiner Schwester unterwegs war, war auch fast immer ihr damaliger Freund mit dabei. Dieser war für mich fast wie ein großer Bruder und so verhielt er sich auf ab und an auch bzw. immer, wenn die Sache zu eskalieren drohte. Klar waren wir sehr verschieden und tickten in fast allem anders, aber er passte immer auf und brachte mich zusammen mit meiner Schwester immer gut nach Hause. Ein paar Mal deckten sie mich auch bei meinen Eltern, um gewisse Dinge zu vertuschen. Nur ich erzählte sie meinen Eltern, genauer gesagt meiner Mutter, dann doch irgendwann. Ich mag es nicht so gerne Geheimnisse vor meinen

Eltern zu haben. Natürlich wissen sie nicht alles, aber gewisse Dinge verheimliche ich nicht. So war es mir irgendwann wichtig die Fehlschritte mit meiner Mama zu besprechen. Mit ihr kann und konnte ich bis jetzt immer über eigentlich alles offen und ehrlich reden.

Den ersten richtigen Vollrausch, an dem es mir am nächsten Tag richtig schlecht ging, inklusive Peinlichkeiten hatte ich an meinem 17ten Geburtstag. Seitdem kann ich keinen Jägermeister mehr trinken. Sagen wir mal so: Ich ließ es richtig krachen. Es wäre gar nicht so schlimm gekommen, da wir ja im Freizeittreff feierten, wo sich der damalige Freund meiner Schwester wie zu Hause fühlte. Als wir nach Hause kamen, sah ich, dass in zwei Schnapsflaschen nicht mehr so viel drinnen war. Nicht mehr so viel ist Ansichtssache. Eines war am nächsten Tag klar: Ich hätte diese zwei Flaschen zum Schluss nicht aus exen sollen. Danach wusste ich nicht mehr viel und benahm mich etwas peinlich, als ich in meinem Zimmer eine gekonnte Tanzeinlage absolvierte. Zum Glück sah das damals nur noch meine beste Freundin und sonst niemand. Am nächsten Tag war mir allerdings so schlecht, dass ich nicht aufstehen konnte und wenn dann musste ich die Kloschüssel umarmen. Ich bekam nachmittags Besuch von meiner Verwandtschaft, aber das bekam ich nicht wirklich mit, da ich eigentlich nur herumlag und hoffte, dass es mir bald besser ging. Einen weiteren Tag später sah ich in der Arbeit immer noch total fertig aus. Ich glaube, ich brauchte fast die gesamte Woche, um wieder fit zu sein.

Zu meiner größten Schande, zählten die Über-
nachtungen von meiner Mama bei mir im Bett. Es
kam ein oder sogar zweimal vor, dass sie auf mich
aufpasste. Einmal weiß ich es sicher, da es nach
dem Feuerwehrball war und ich am nächsten Tag
eigentlich fit für den Faschingsumzug sein sollte.
Ich hatte meiner besten Freundin zuliebe beschlossen, mich zur moralischen Unterstützung mit
auf den Faschingswagen unserer Landjungend zu
stellen. Treffpunkt war schon sehr früh, da schlief
ich allerdings noch. Mir ging es logischerweise
nach dem Alkohol-Exzess auf dem Ball alles andere als gut. Als wäre das noch nicht schlimm genug, mussten mich meine Eltern praktisch auf der
Toilette aufgabeln. Mir war übel und schlecht,
konnte mich auch nicht mehr auf den Beinen halten und lag dann auf dem kalten Boden. Die kühle
tat mir gut und ich konnte auch gar nicht mehr aufstehen. Hier hatte ich es schon sehr übertrieben.
Heute tut mir das furchtbar leid, gerade meinen Eltern gegenüber. Das war einer meiner schlimmsten
Ausfälle und mich wundert es nur noch, dass ich
es am nächsten Tag trotzdem schaffte mit auf dem
Faschingsumzug zu gehen bzw. aktiv teilzunehmen. Mir war nämlich immer noch ganz schön
übel.

Die Ausfälle häuften sich immer mehr. Heute
schäme ich mich richtig dafür. Einmal landete ich
dann auch noch beim Sanitäter. Dies war nach einem Volksfestbesuch der Fall. Zuvor trafen wir
uns, um Fußball zu spielen. Wir bedeuten meine
Schwester, ihr damaliger Freund und ein Kumpel
plus paar Bekannte aus der anderen Stadt die ich

dort durch meinen „ersten festen" Freund kennengelernt hatte. Da es eigentlich nie eine richtige Beziehung war, ging er mir an diesem Abend richtig auf die Nerven. Ich war nicht wegen ihm auf dem Volksfest, sondern eben, weil ich dort Freunde traf. Der ganze Abend wurde mir durch das ständige daraufhin weisen auf meinen „Freund" so vermiest, dass ich viel zu tief ins Glas schaute. Als ich dann zur Toilette musste traf mich eine richtige Kalt-Luft-Watsche. Mir zog es förmlich die Beine Weg. Ausnahmsweise wurde ich nicht sentimental, sondern fing an zu lachen. Ich bekam mich gar nicht mehr ein. Da praktisch mein „Brüderlein" (also der Freund meiner Schwester) am Ende mit seinem Latein war, brachten sie mich sicherheitshalber zum Sani. Ich war zum Glück noch ansprechbar und dadurch meinte er nur: „Sie muss den Rausch ausschlafen, dann geht es ihr besser". An diesem Tag fragte ich mich echt, ob man noch tiefer sinken kann. Viel tiefer geht schon fast nicht mehr. Immerhin hatte ich danach den Mumm, meinem damaligen sogenannten Freund eine Schluss-WhatsApp zu schreiben. Ich sprach das aus, was beide wussten und er schon lange ohne mich beschlossen hat. Nur er hatte einfach keine Eier in der Hose es mir ins Gesicht zu sagen – Das hier weiter zu vertiefen würde den Rahmen sprengen und er hat gar nicht so viel Aufmerksamkeit verdient.

Eines kann ich allerdings noch sagen: Er bemängelte irgendwann mein Aussehen. Mein rotes Tuch nach Jahren. Ich war endlich stolz schlank zu sein und regelmäßig Sport zu treiben. Und dann kam er und machte mich für etwas nieder, wofür ich nichts kann – Wie ich mittlerweile weiß. Kritikpunkte waren angeblich die zu vielen Haare an den Armen und meine Figur. Die obere Hälfte würde ja passen nur die untere so ab Hüfte nicht. Die wäre zu dick und ich sollte sie doch besser Trainieren. Das war ein Schock, vor allem, weil ich zu diesem Zeitpunkt sehr schlank war und auch ausreichend Sport machte. Mehr als ausreichend.

Die ganzen alkoholischen Ausreißer wurden meinen Eltern dann auch irgendwann zu viel. Das merkte ich meiner Mama an, auch wenn weder Mama noch Papa direkt etwas aussprachen. Doch für ein Mädchen waren diese schon sehr untypisch. Ich mutierte praktisch zur Kampftrinkerin und ersäufte meine Probleme, um sie ja zu vergessen anstatt mich damit endlich auseinander zu setzten.

In den Griff bekam ich die sinnlose Sauferei erst als ich meinen jetzigen Mann kennenlernte. Auch da hatte ich den ein oder anderen Vollrausch, war sensibel ohne Ende und anstrengend, ja sogar peinlich. Trotzdem blieb er bei mir, trotz den ganzen Fußballfahrten und die Teilnahme an Volleyballturnieren inklusive Alkoholexzesse. Gerade bei den Volleyballausflügen ging es mir danach immer sehr schlecht. Darauf gehe ich lieber nicht genauer ein, da dort auch immer mindestens eine Peinlichkeit mit am Start war. Alles hier aufzulisten, würde den Rahmen sprengen und ich schäme mich schon zu genügend dafür. Trotzdem stand und steht mir mein Mann zur Seite. Das bewundere ich richtig. Genau genommen hat er mir dabei geholfen mein Problem mit dem Kampftrinken in den Griff zu bekommen. Ich achtete zunehmend darauf, nicht mehr all zu tief ins Glas zu sehen.

Dank den beiden Schwangerschaften nahmen die Ausreißer schließlich ab. Schlicht und ergreifend gehe ich seitdem nicht mehr wirklich aus bzw. kann ich auch gar nicht mehr ausgehen. Falls ich doch mal das Vergnügen habe, denke ich daran, dass ich am nächsten Tag fit sein muss für die Kinder. Kinder kennen da keinerlei Gnade und wecken die Mama gnadenlos auf. Damit kann ich gut Leben. Falls ich einmal Alkohol trinke, dann genieße ich diese Momente und saufe nicht, sondern gönne mir halt einmal ein kühles Bier, ein Glas Sekt oder Wein und ab und an vielleicht auch den ein oder anderen Cocktail. Hier habe ich mir die Devise angeeignet in Maßen anstatt in Massen. Wäre sicherlich auch ein guter Ansatz für andere Dinge in meinem Leben.

Studium ich komme

Nach erfolgreichem Abschluss meiner Ausbildung stand eines fest: In diesem Beruf werde ich nicht alt und ich möchte definitiv etwas anderes machen. Deshalb entschied ich mich – wie für eine duale Ausbildung so üblich – für den Beginn eines Studiums. Und dass, obwohl ich nie studieren wollte. Schon komisch, da ich doch so eine Streberin war.

Mit meinen Noten war ich zu diesem Zeitpunkt allerdings nicht zufrieden. Ja die Berufsschule war gut, aber die FOS-Noten eher ernüchternd. Gerade in Englisch rutschte ich ab. Dennoch reichte der Abschluss für ein Studium. Da ich ursprünglich sowieso mit Architektur liebäugelte, bewarb ich mich in Nürnberg um einen Studiums-Platz. In Augsburg und München bewarb ich mich ebenfalls um ein Studium im Kreativen Bereich. Ingolstadt stellte meine letzte Wahl da und dort entschied ich mich für einen technischen Studiengang. Somit mischte ich praktisch alle Möglichkeiten in der Hoffnung einen Platz zu bekommen.

Augsburg und München lehnten mich sofort ab, nachdem sie meine Bewerbungsmappe sahen. In Nürnberg erhielt ich tatsächlich eine Einladung zum Aufnahmetest. Ich war sowas von Nervös und glücklich, da mir diese Einladung Hoffnung gab, doch noch in meinen Wunsch-Arbeits-Bereich eintreten zu können. Hoffnung mehr aus mir zu machen und vor allem etwas zu erlernen, was mir

Spaß macht. Leider verlief die Aufnahmeprüfung nicht ganz so wie ich es mir gewünscht hätte. Während der Prüfung selbst hatte ich ein sehr gutes Gefühl. Ich lernte sogar noch ein supernettes Mädchen kennen und wir schlugen die Zeit gemeinsam tot, bis die Ergebnisse ausgehängt wurden. Meine erbrachte Leistung war dennoch nicht zufriedenstellend. Auch hier erhielt ich keinen Studien-Platz. Wenn ich sage ich war enttäuscht untertreibe ich allerdings. Ich war mehr als nur enttäuscht. Auf die Aufnahmeprüfung bereitete ich mich sogar vor. Im mündlichen Teil redete ich mehr als meine zwei Mitstreiter und dennoch reichte es nicht. Schade Marmelade.

Aus diesem Grunde kam nun der Notfallplan zum Tragen. Als ausgelernte Werkzeugmechanikerin lag ein technisches Studium einfach am naheliegendsten. Deshalb bewarb ich mich um einen Studienplatz für Fahrzeugtechnik. Maschinenbau interessierte mich noch weniger und im Bereich Fahrzeugtechnik hörten sich die Zukunftsaussichten nach der Wahl des Fachgebietes doch sehr interessant für mich an. Ich hatte die Möglichkeit nach absolvieren des Grundstudiums in den Bereich Konstruktion zu gehen. Genau das, was ich wollte. Also hieß es nur noch: Durchbeißen und Durchhalten bis der Fachbereich endlich kommt. Das Grundstudium ist allerdings fast identisch mit dem der Maschinenbauer und interessierte mich ehrlich gesagt gleich gar nicht. Vielmehr langweilte es mich. Elektrotechnik und auch Programmieren mit Java fand ich schrecklich. Dementsprechend verstand ich nur noch Bahnhof. Heißt: Ich quälte mich in den Großteil der Vorlesungen und fragte mich wirklich, wie ich die ganzen Prüfungen überstehen soll.

Hinzu kam zu dieser Zeit mein neuer Freund. Dieser schadete mir in meinen Berufsplänen, anstatt mich zu unterstützen. Gerade in den Lern- und Prüfungsphasen fehlte ihm das Verständnis dafür. Vielmehr hatte ich zunehmend das Gefühl er boykottierte mein Studium, da er zu den Prüfungszeiten immer ausgehen wollte – Partymachen natürlich. Was auch sonst. Ich wollte eigentlich nie mit, aber wurde förmlich dazu gezwungen. Trotzdem hängte ich mich rein, lernte und besuchte die Vorlesungen. Ich passte so gut wie möglich während der Stunden auf. Auch wenn das in Mathe, Programmieren und Elektrotechnik bedeutete trotzdem nichts zu verstehen. Mathe war sowieso die reinste Katastrophe. Die Dozentin war bereits an der gesamten Hochschule bekannt und dass nicht unbedingt im positiven Sinne. Sie ließ immer Minimum die Hälfte ihrer Gruppe durchfallen. Kein Wunder bei ihrer Art die Vorlesung zu gestalten. Sie kam grundsätzlich während der 1,5 Stunden Vorlesungszeit 15 bis 30 Minuten zu spät. Dann legte sie los und füllte jede noch so kleine Lücke an der Tafel mit ihren Rechenaufgaben aus. Sprich sie schrieb dann erst einmal durch ohne genaue Erklärung wie das zu Rechnen ist und ohne auf uns zu warten, ob wir die Rechnungen selbst lösen konnten. Sie schrieb so schnell, dass wir nicht einmal mehr mitdenken konnten. Waren beide Tafeln mehr als vollgeschrieben, rauschte sie wieder ab. Natürlich viel zu früh, denn die Vorlesung war noch lange nicht zu Ende. Richtig erklärt wurde uns nichts. In der ersten Prüfung bestanden – glaube ich – von ca. 70 Personen nur drei oder vier Leute. Der Rest fiel besser gesagt rauschte mit Ach und Krach durch. Dies waren dann doch zu viele für die Hochschule. Deswegen bekamen wir im zweiten Semester extra Mathe-Vorlesungen in der Hoffnung mehr Leute bestehen. Während einer dieser Vorlesungen wurden wir auch sehr liebevoll behandelt (nicht). Vielmehr warf uns die gute Frau vor, dass sie wegen uns mehr Stunden arbeiten muss. Noch besser war die Aussage: „Fahrzeugtechniker sind alles Mathematische Analphabeten". Sie kam gar nicht einmal auf die Idee, dass es an ihr liegen könnte. Warum auch?

Für Mathe II bekamen wir zusätzlich ein Tutorium. Dort brachten uns ältere Schüler bei, was wir wissen müssen, um die Matheprüfung zu bestehen und nicht durchzufallen. Es gab da schon einige nützliche Tipps und Tricks. Dies wäre für Mathe I ebenso sinnvoll gewesen. So kam es, dass ich Mathe II auf Anhieb bestand, während ich bei Mathe I sogar beim Zweitversuch nochmal durchfiel. Das wurmte mich, da ich zusammen mit meiner Studienkollegin echt sehr viel Mathe übte und wir uns gegenseitig halfen.

Elektrotechnik lief nicht viel besser. Der Unterricht war sehr theoretisch aufgebaut und ich dachte mir: „OK, ich versuche die Vorlesungen einfach zu lernen". Es waren keine Aufgaben zum Rechnen dabei. Deshalb war ich sehr verwundert, als ich die Prüfung sah. Es kam mir so vor, als würde ich alles zum ersten Mal hören und sehen. Auf einmal wurden da Aufgaben zum Berechnen gestellt. Die Fragestellung war ebenso verwirrend. Auch hier fiel ich zweimal durch die Prüfung. Programmieren bestand ich sogar. Ich kann mir bis heute nicht erklären, wie ich das geschafft habe.

Während der Prüfungszeit im zweiten Semester, fing mein damaliger Freund zur Krönung und dem eh schon viel zu vielen Druck das Streiten mit mir an. Er verstand es auch nicht, dass ich zwei Wochen lang einfach zu Hause bleiben wollte, um mich auf die Prüfungen vorzubereiten und die Prüfungen in Ruhe abzulegen. Ich nahm mir das alles so zu Herzen, was sich bei mir bald bemerkbar machte.

Zu dieser Zeit ging ich bereits regelmäßig laufen, fuhr Inline-Skates oder machte ein Workout. Da ich von meinem Freund immer wieder das Gefühl vermittelt bekam zu Dick zu sein, steigerte ich mein Sportprogramm zunehmend. Ich begann jeden Tag Sport zu treiben und vor allem Joggen zu gehen. Gleichzeitig aß ich aufgrund des Prüfungsstresses und der Streitereien mit meinem Freund so gut wie gar nichts mehr. Ich ernährte mich eigentlich nur noch von Latte Macchiato oder sonstigen Kaffee. Heute weiß ich sogar, dass ich das ganz bewusst so durchzog. Kaffee unterdrückt das Hungergefühl. Bedeutet, jedes Mal, wenn ich Hunger bekam, trank ich einen Kaffee. Entweder Latte Macchiato oder einfach einen schwarzen Kaffee ohne Zucker, ohne Alles. Gleichzeitig gab es nur noch Wasser zu trinken. Keine Säfte, keinen

Alkohol oder sonstigen Softdrinks, schließlich fühlte ich mich immer noch zu dick – vor allem am PO, an der Hüfte und an den Oberschenkeln. Da ich bereits mein Optimal-Gewicht, das laut Arzt bei 59 kg liegt, auf die Waage brachte, nahm ich noch mehr ab. Das sah man mir bald an der Hüfte an. Ich verfüge schon immer über eine eher breite gebaute Hüfte. Dort standen mir sehr schnell die Hüftknochen hervor. Schön sieht sowas nicht aus. Das Einzige, was nicht weniger wurde waren meine Oberschenkel und mein Popo.

Mein Papa begann sich mehr als nur Sorgen zu machen, schließlich aß ich ja nichts und machte trotzdem extrem viel Sport. Gesund ist definitiv etwas anderes, vor allem, weil ich schnell zwei Kilos in einer Woche verlor. Das reichte nicht einmal. Als ich mich auf die Waage stellte war ich mittendrin bei 54 kg. Bedeutet ganze fünf Kilos innerhalb von nur zwei Wochen verloren zu haben. Schön sah das ehrlich gesagt nicht mehr aus. Nachdem ich mich zunehmend müde und schlapp fühlte, die Prüfungen vorbei waren und ich zur Ruhe kam, fing ich langsam wieder ein wenig zu Essen an. Zum Glück, da mein Papa wirklich kurz davor war, mich einweisen zu lassen. Verdacht auf Essstörung. Ich kann es sogar verstehen, da ich mich sogar mit 54 kg immer noch zu dick fühlte. Schuld daran war mein falsches Körperbild aufgrund des ganzen jahrelangen Mobbings. Ein Glück, dass ich das in den Griff bekam. Zumindest aß ich wieder etwas, obwohl mein Verhältnis zum Essen und zum Sport trotzdem noch alles andere als normal sind. Sport durfte in all den Jahren nicht fehlen. Ich nahm mir täglich Zeit, um Workouts zu machen oder Laufen zu gehen. Teilweise auch einfach beides an einem Tag. Schließlich hatte ich noch meine Problemzonen, die ich gerne loswerden wollte.

Nach dem Abschluss des zweiten Semesters genoss ich erst einmal die freien Tage nach dem ganzen Lernstress. Ich war mir sogar sicher dieses Mal alle Prüfungen erfolgreich gemeistert zu haben – außer eine, da ich dort erst gar nicht war. Ich dachte die Prüfung sei nachmittags. Leider war sie vormittags. Also hieß es wieder eine Nachholprüfung mehr für das dritte Semester – Eigentlich. Denn es kam anders als gedacht.

Als die Prüfungsergebnisse online abrufbar waren, war ich selbstverständlich aufgeregt. Ich hatte Angst vor dem Versagen, obwohl ich mir sicher war, dieses Mal sind alle Prüfungen geschafft. Nicht unbedingt mit einer guten oder sehr guten Note, aber dennoch bestanden. Bestanden wäre schon mal gut und ein Fortschritt. An diesem Tag war mein Freund ebenfalls bei mir und meine Eltern außer Haus. Er setzte sich sogar neben mich, als ich den PC anmachte, um mich angeblich moralisch zu unterstützen. Ich denke, er war einfach selbst neugierig, wie ich mich geschlagen hatte. Nachdem ich mich endlich eingeloggt hatte, kam der Schock. Ich saß nur vor dem PC und war fassungslos, enttäuscht und traurig. Irgendwann traten mir die Tränen in die Augen und ich fing an zu weinen. Ich glaube mein Freund brachte es da nicht einmal fertig mich zu trösten, geschweige denn in die Arme zu schließen. Damit hatte ich nicht gerechnet, absolut nicht. Ich fiel erneut durch die Mathe I Prüfung, aber die Mathe II bestand ich. Kaum zu glauben, oder? Aber irgendwie auch logisch, da das Tutorium einfach hilfreich war. Uns wurde beigebracht, wie wir bestehen mit den aufmunternden Worten: „Seid froh, wenn ihr bei der Dozentin überhaupt besteht. Gute Noten sind dabei fast unmöglich." Und dem konnte ich nur zustimmen.

Es kam sogar noch schlimmer. Ich fiel ebenfalls zum zweiten Mal durch Elektrotechnik. Ich war so gut vorbereitet und lernte und lernte. Wie konnte das denn passieren? Ja das Fach an sich war schrecklich und ich konnte mich damit überhaupt nicht arrangieren, aber es hätte doch wenigstens zum Bestehen reichen müssen. An die restlichen Prüfungsergebnisse erinnere ich mich gar nicht mehr, da ich von diesen beiden Fächern einfach maßlos enttäuscht war. Ich war doch nach wie vor das Vorzeigemädchen mit den guten Noten, die jetzt studiert. Ich konnte doch jetzt nicht einfach so dermaßen versagen.

In diesem Moment traf ich eine Bauch-Entscheidung, mit der niemand sonst gerechnet hätte. Ich bin jemand, der wenn er etwas Anfängt auch durchzieht. Sprich ich hätte normalerweise den Dritt-Versuch gewagt. Da ich mich aber selbst so quälte, gestresst war und das Essen verweigerte, wusste ich, das Studium tut mir nicht gut. Es arbeitet mich eher auf und macht mich krank. Als schließlich meine Eltern nach Hause kamen sagte ich zu ihnen ich müsste ihnen etwas beichten. Vor ihrer Reaktion hatte ich am meisten Angst. Werden sie von mir Enttäuscht sein? Oder wütend? Oder einfach nur traurig? Sie unterstützten mich nicht nur finanziell während der beiden Semester. Der Deal war, dass ich mir zum dritten Semester einen Nebenjob suche, damit ich nicht dauernd abhängig von ihnen war. Für den Deal bin ich heute noch dankbar, da es mir praktisch, während der ersten beiden Studienjahre zumindest den finanziellen Druck nahm.

Ich platzte einfach mit meiner Entscheidung heraus: „Ich schmeiße das Studium hin. Ich bin erneut durch zwei Prüfungen gefallen und damit wird mir der Rückstand und der Druck zu Groß. Ich quäle mich eh schon, lebe alles andere als gesund und merke selbst wie gestresst und ausgelaugt ich einfach bin. Mit mir ist ja kein vernünftiges Gespräch mehr möglich, da ich sofort in die Luft gehe und sehr leicht reizbar bin. Das tut mir leid. Ich werde mir einen neuen Job oder eine zweite Ausbildung suchen. Falls dies bis Ende August nicht funktioniert, gehe ich im Rahmen meiner Wiedereinstellungs-Garantie zurück zu meiner Ausbildungsfirma als Werkzeugmechanikerin."

Als ich diese Worte Laut aussprach ging es mir sofort besser. Mir fiel ein riesiger Stein vom Herzen. Der richtige Brocken fiel aber erst mit der unerwarteten Reaktion meiner Eltern. Beide atmeten tief aus und meine Mama meinte nur: „Gott sei Dank, dass du das jetzt selbst einsiehst. Wir haben uns schon richtig sorgen um dich gemacht. Papa war bereits kurz davor dich wegen Verdacht auf eine Essstörung einliefern zu lassen. Egal für was du dich entscheidest: Hauptsache du verdienst dein eigenes Geld und sitzt nicht nur faul zu Hause herum. Wir unterstützen dich, wo wir nur können."

In diesem Moment war ich einfach nur noch erleichtert, froh und dankbar. Froh darüber mir eine neue berufliche Perspektive suchen zu können, da ich nicht zurückwollte. Ich wollte nicht nach China fliegen und ich wollte dort einfach nicht mehr arbeiten. Sowohl am Band nicht als auch nicht im Werkzeugbau. Die Arbeit lag mir nicht und ich konnte mir nicht vorstellen in meinem erlernten Beruf bis zur Rente zu arbeiten. Ja, ich verdiente gut, aber Geld allein ist halt eben auch nicht alles. Dankbar war ich nur für meine Eltern. Nicht jede Familie hätte so gelassen auf diesen Entschluss reagiert und währe darüber sogar noch erleichtert gewesen.

Ich will einfach meine Kreativität in meinem Beruf ausüben können. Praktisch mein Hobby zum Beruf machen – Ob mir das wohl jemals gelingen wird?

Bruch mit der Verwandtschaft

Meine Entscheidung die Firma meiner ersten Ausbildung zu Verlassen zog einen Rattenschwanz
hinter sich her, mit dem ich nicht gerechnet hatte.
Bis heute verstehe ich einige der Reaktionen nicht
wirklich.

Wie geplant, nutzte ich meine freie Zeit und bewarb mich auf einige neue Stellen und Ausbildungsplätze. Ja, richtig gelesen: Ich bewarb mich
erneut für Ausbildungsplätze, da ich mir mehr als
nur sicher war, nicht unbedingt einen Beruf erlernt
zu haben, der mir auf Dauer Spaß macht. Unter
anderem bewarb ich mich für die Ausbildung zur
Raumausstatterin. Leider wurde mir abgesagt, da
die Lehrstelle bereits besetzt war. Kein Wunder, im
September beginnen praktisch die neue Ausbil-
dungszeiten und wir hatten bereits Anfang August.

Schließlich fand ich eine ausgeschriebene Ausbildungsstelle für technisches Produktdesign. Bei
dem Beruf handelt es sich eigentlich um den alten
technischen Zeichner, nur das heutzutage alles am
PC konstruiert und gezeichnet wird. Da ich diesen
Beruf ursprünglich auch auf meiner Liste der inte-
ressanten Jobs befand, bewarb ich mich hierfür.
Mit der großen Hoffnung, dieses eine Mal mehr
Glück zu haben. Zudem kannte ich die Firma auch
nicht. Sie war also noch nicht allzu bekannt und
eher klein. Perfekt für mich, da ich nicht mehr in
eine riesige Firma wollte. Was soll ich sagen? Ich
hatte Glück und wurde ziemlich schnell zum

Vorstellungsgespräch eingeladen. Meine Freude allein darüber war bereits unendlich groß. Mein Hoffnungsschimmer wuchs. Beim Gespräch erfuhr ich, dass sie bereits zwei neue Azubis und einen Umschüler ab September haben und gerne noch einen Azubi mehr ausbilden würden. Perfekt dachte ich mir. Zwar war ich etwas schüchtern und zurückhaltend - wie immer -, aber dennoch beantwortete ich alle Fragen offen und ehrlich. Nachdem ich noch eine praktische Aufgabe erhielt, waren die beiden Chefs überzeugt von mir und boten mir ohne lange Bedenkzeit die Ausbildungsstelle an. Mein Bauchgefühl sagte sofort ja und mein Herz hüpfte vor Freude. Also unterschrieb ich den Aus- bildungsvertrag noch am selben Tag. Ich konnte endlich den Beruf erlernen, den ich schon nach meiner Realschulzeit erlernen wollte. Ich konnte mein Glück kaum fassen. Sollte sich nun alles für mich zum guten wenden? Ich endlich neu starten können?

Meine Eltern freuten sich mit mir und waren er- staunt darüber, wie schnell dies alles ging. Sie dachten schon, das kann alles länger dauern und ich würde länger ohne Arbeitsstelle herumlaufen. Doch meine Freude war leider nur von kurzer Dauer.

Als die Verwandtschaft – insbesondere eine mei- ner Tanten – diese Entscheidung mitbekamen, war es für sie unvorstellbar. Wie konnte ich nur aus der Firma austreten? Dort verdient man doch mehr als gut. Sie verstand nicht, warum ich nicht einfach den Techniker machte, wenn es schon nicht mit dem Studium funktionierte. Danach könnte ich mich innerhalb der Firma für eine bessere Stelle bewerben und dorthin versetzten lassen. Sei doch nicht so dumm, hieß es, das schöne Geld. Besser verdienen wirst du niemals mehr irgendwo. Nachdem ich diese Entscheidung aber nun mal getroffen hatte, war ich davon nicht mehr abzubringen. Ich hatte mir bis dahin schon bei allen möglichen Bereichen meines eigenen Lebens einreden lassen, was denn das Beste für mich sei und was ich niemals kann.

Genau das wollte ich nicht mehr. Ich wollte mein Leben nun selbst in die Hand nehmen und meine eigenen Entscheidungen treffen, egal was die liebe Verwandtschaft davon hielt bzw. halten mag. Sie steckten nicht in meiner Haut und nicht in einem Beruf, der sie nicht erfüllte. Sie müssen auch nicht bis zur Rente mit dem Beruf auskommen, an einer Arbeitsstelle, wo ich praktisch nur Kaffee kochen durfte. Der Techniker kam auch aus zweierlei Gründen nicht in Frage. Zum einen war er mir zu teuer und zum anderen wieder sehr theoretisch veranlagt. Ich hätte entweder wieder Dauerstress durch Arbeit und Weiterbildung oder legte eine Arbeitspause ein und machte den Techniker an einem Stück. Sprich: Ich hätte wieder kein eigenes Geld in dieser Zeit verdient.

Mit einer rein schulischen Weiterbildung war ich eigentlich auch durch. Ich schaffte in Mathe das Grundstudium nicht, also warum um alles in der Welt sollte ich mir jetzt noch einmal einen „schulischen" Weg antun? Der zweite Grund, bestand an den mangelnden Plätzen für die Anzahl der fertigen Techniker. Ich bekam von Kollegen mit, dass es mittlerweile schwierig geworden ist, intern versetzt zu werden. Zu viele drückten noch einmal die Schulbank und es gab zu wenige Facharbeiter. Sprich die jeweiligen Stellen wollten ihre guten Arbeitsleute gar nicht gehen bzw. gar nicht ins Büro abwandern lassen. Ein Grund mehr dieses Risiko nicht einzugehen. Ein weiterer Punkt war: Ich sah mich selbst nicht bei dieser Firma bis zur Rente zu arbeiten. Mir gefiel die Arbeitsumgebung schlicht und ergreifend Null. Im Büro herrschte dagegen ein Machtgehabe sondergleichen. Einer war schlauer als der andere und den Leuten aus der Praxis glaubte man nicht. Schließlich würde es doch bei der Simulation theoretisch funktionieren und die Arbeiter sollten sich nicht so anstellen. Genau dieses Verhalten ging mir mächtig gegen den Strich. So wollte ich nie werden. Noch schlimmer war es, sobald etwas schieflief. Es waren immer die anderen daran schuld, aber keiner wollte dafür die Verantwortung übernehmen. Keiner wollte den Kopf hinhalten, außer es gab dafür ein Lob. Dann fühlte sich jeder dafür verantwortlich. In gewissen Bereichen wird durch dieses Verhalten ohne Einsicht oftmals das Geld sinnlos verprasst und so für das Fenster rausgeworfen. Das muss man einfach nicht verstehen. Ich bin mir sicher, es ist auch heute noch der Fall.

Wie gesagt, meine Verwandtschaft konnten all meine Begründungen, meine schon in Rechtfertigungen ausarteten Argumente nicht nachvollziehen. Sie sahen nur das Geld, welches ich hätte verdienen können. Ich wäre doch so ein intelligentes Mädchen und jetzt schmiss ich meine ach so großartige Zukunft einfach weg? Sie hatten mir schließlich zu der Ausbildungsstelle verholfen und jetzt kündigte ich einfach? Das geht doch nicht. Als ich dennoch nicht zurückruderte und einfach einmal hart blieb, wurde ich ignoriert. Ja mich gab es eben für diese eine Patentante samt Familie nicht mehr. Wenn sie mich sah, wurde mit mir kein einziges Wort mehr geredet – Auch nicht mit meinen Eltern, da sie ja meine Entscheidung respektierten und teilweise sogar feierten. Sie wussten selbst wie es in der Firma so läuft. Hätten sie selbst die Chance gehabt, wären sie wahrscheinlich ebenfalls gewechselt bzw. war meine Mama nicht allzu traurig darüber, dass ich da raus wollte. Sie wurde nach der Schwangerschaft mit mir förmlich zu einer Kündigung gezwungen. Deshalb ist die Firma bei ihr bereits seit Jahren unten durch.

Meine Eltern wussten schon immer, ich gehe meinen Weg. Ganz egal wie schwer er sein mag, wie viele Steine mir in den Weg gelegt werden und wie viele Umwege ich einlege, bis ich am Ziel bin. Ich gebe niemals auf – Nicht einmal, wenn ich mein Ziel erreicht habe. Ich setze mir dann einfach neue Ziele, für die es sich zu kämpfen lohnt.

Eines wurde mir damit auch bewusst: Nur weil andere es nicht verstehen können, ist es nicht automatisch schlecht. Sie leben in ihrer eigenen Welt und wollen mir ihre Ansichten nur einreden bzw. aufdrängen. Dadurch werden sie jedoch nicht automatisch zu meinen Ansichten oder meinen

Träumen. Mit einem Mal gab es kein „Das geht nicht" oder das „Kannst du nicht". Es wurde zu einem „Was nicht geht, wird passend gemacht" und „Ich kann das vielleicht noch nicht, aber ich kann es lernen". Genau diese Anschauung wurde nach einigen Jahren verfestigt, als eine weitere große berufliche Entscheidung vor mir lag, mit der ich zu diesem Zeitpunkt noch nicht rechnete.

Ein weiterer wichtiger Lerneffekt für mich: Anscheinend bin ich ihnen als Mensch nicht wertvoll genug. Das Verhalten meiner Verwandtschaft war viel mehr wie ein kleines bockiges Kind, das nicht bekam, was es wollte. Sie wollten mein Leben bestimmen, um daraus später eigene Vorteile zu ziehen. Das ging aber nicht mehr. Deshalb brachen sie den Kontakt ab und ignorierten mich. Traurig – aber leider wahr. So sind viele Menschen. Diese Erfahrung machte ich immer wieder. Sobald man nicht mehr das tat, wovon erwartet wird, dass man es tut, hört die Freundschaft und anscheinend auch die Verwandtschaft einfach auf.

Seien wir doch ehrlich: Solche Menschen braucht niemand in seinem Leben. Sie haben mich nicht verdient – So kann ich es zumindest heute nach jahrelanger Erfahrung und Arbeit an meinem Selbstwertgefühl behaupten. Zu dieser Zeit tat mir das Verhalten nur weh, verletzte mich. Es war wie ein Stich mit dem Messer in den Rücken. Einfach unfair. Ein klärendes Gespräch wurde niemals geführt – Leider.

Ausbildung 2.0

Trotz der seelischen Grausamkeit meiner Verwandtschaft und den mangelnden Respekt vor meiner Entscheidung und meiner Person, trat ich wenig später meine zweite Ausbildung an. Ich erinnere mich heute noch, als wäre es gestern gewesen, als mein erster Arbeitstag anstand. Vorbereitet wurde ich zu genügend auf den ersten Tag, da ich wusste, dass zwei weitere Azubis und ein Umschüler am selben Tag den ersten Tag hatten. Zu den beiden Azubis gehörte ein weiteres Mädchen und ein Junge, bzw. eigentlich schon Mann, da er etwas älter als wir war. Der Umschüler musste nicht mit zur Berufsschule, weshalb wir auch nicht wirklich viel Kontakt zu ihm hatten. Zudem verlies er die Firma bald wieder. Der Beruf war anscheinend doch nicht das Richtige für ihn und er brachte auch nicht genügend Engagement dafür mit.

War mir ehrlich gesagt egal. Für mich zählte zuerst, ob ich mich mit dem anderen Mädchen verstand. Der erste Eindruck zählt bekanntlich und so musterten wir beiden Frauen uns erstmal gegenseitig. So typisch Frau eben. Anschließend tasteten wir uns langsam ab, wie die Gegenüber so tickt. Als klar war, wir sprechen eine gemeinsame Sprache, ticken ähnlich und stehen beide mit beiden Beinen auf den Boden, war die Erleichterung groß. Wir wussten, dass wir uns während der Berufsschulwochen ein Zimmer teilen mussten bzw. sollten, wenn wir nicht mit einem komplett fremden

Mädel ins Zimmer wollten. Nichts wäre schlimmer, sich nicht zu verstehen.

Ob ich es jemals bereut habe eine zweite Ausbildung zu starten? Nein. Klar hätte ich bei meinem ersten Arbeitgeber weitaus mehr verdienen können und damit mehr sparen, aber ich denke, ich wäre damit nicht glücklich gewesen. Deshalb bereue ich keine Entscheidung – beruflich gesehen. Alles hat eben seine Vor- und Nachteile.

Die Ausbildungszeit verlief sehr gut. Ich durfte sogar um ein halbes Jahr verkürzen. Gut, mit meinen Vorkenntnissen wäre sogar ein ganzes Jahr möglich gewesen, aber seitens meines damaligen Arbeitgebers nicht gewünscht. Mit meiner Kollegin verstand ich mich Prima und wir freundeten uns an. Dies bedeutete, wir unternahmen auch immer mehr Privat miteinander. Nachdem ich mich dann auch endlich von meinem damaligen Freund getrennt hatte, gingen wir gemeinsam weg, feierten Partys, etc. Sie war zwar etwas jünger als ich, aber da wir sehr ähnlich tickten machte das gar nichts aus.

Auch während dieser Zeit übernahm ich den schüchternen und zurückhaltenden Part – außer ich hatte zu viel getrunken. Auch das passierte leider. Zu der Zeit lag es aber vielmehr daran, dass ich mich damit ablenken wollte. Ablenken von der nicht so schönen Trennung. Diese verlief leider nicht gerade im Einklang und positiv. Ich hatte während der Beziehung immer mehr den Eindruck unterdrückt zu werden. Typisch Mädchen eben. Wir vernachlässigen leider sehr oft den eigenen

Freundeskreis aufgrund eines Kerls. Auch ich machte diesen Fehler. Hinzu kam immer mehr das Gefühl, nur ein Lückenbüßer zu sein - für seine Ex-Freundin. So kams wie es kommen musste: Wir trennten uns. Ziemlich unerwartet für den ein oder anderen. Vor allem, weil ich mit einer Freundin nach einem richtig heftigen Streit ausging. Allein ohne ihn. Dabei schaute ich erneut aus Frust über die Streiterei zu tief ins Glas. An diesem Abend tat ich was, was ich nicht, aber auch wirklich gar nicht gutheißen kann. Ich habe fremdgeflirtet und sogar fremd rumgeknutscht. Im Endeffekt war es wie Fremdgehen. Darauf bin ich absolut nicht stolz, da ich immer ein loyaler und treuer Mensch bin. Außer eben an dem Abend. Für mich war nach diesem erneuten Streit – es kam zu dieser Zeit öfter vor, da er kein Vertrauen in mich hatte - und den Beleidigungen bereits Schluss. Ich hatte für mich bereits abgeschlossen und dieses Kapitel geschlossen. Ich hatte keine Lust mehr mich ständig rechtfertigen zu müssen, wenn ich in der Berufsschule war und mit anderen nur redete oder einfach mal einen Cocktail trinken ging.

Er tickte vollständig aus. Das lag an seiner Art. Er war schon immer etwas aggressiv. Was ich nach dem Abend alles war, passte auf keine Kuhhaut. Wobei ich mir absolut nicht sicher bin, ob er mir wirklich treu gewesen ist. Schließlich durfte er ohne mich abends ausgehen, einen Vollrausch nach Hause tragen und vor allem mit dem anderen Geschlecht reden, ich aber nicht. Die Probleme fingen erst so richtig an, als ich Blockweise zur Berufsschule war. Er vertraute mir nicht und war richtig sauer, wenn er mitbekam, dass wir mit unseren Klassenkameraden in einer Bar waren. Ich fing an mein Leben zu leben und das verstand er irgendwie nicht. Unterdrückung Deluxe eben.

Nach der Trennung ging es mir viel besser und ich konnte mich komischerweise auch wieder mehr auf die Schule bzw. die Ausbildung konzentrieren. Diese wollte ich unbedingt gut abschließen. Es war schließlich das, was meinem Traumberuf sehr, sehr nahekam. Dank meiner Kollegin ging ich richtig gerne in die Arbeit, bis ich merkte, es wird mit zweierlei verschiedenen Maß gemessen.

Wir bekamen ab und an eine auf den Deckel, wenn eine Präsentation nicht zu 100 Prozent den Vorgaben entsprach oder wir zu früh Feierabend machten, da ja die Arbeit unbedingt fertig sein musste. Ich wurde irgendwann ab degradiert für eine sehr verantwortungsvolle Aufgabe – So hieß es zumindest. Ich sollte die wöchentlichen Datenaktualisierung durchführen. Diese hatte nur leider gar nichts mit meinem Ausbildungsberuf zu tun. Die Azubis (männlich), die ein Jahr nach uns mit der Ausbildung begannen, wurden dagegen mit Samt-Handschuhen angefasst. Wenn die Präsentation – gelinde ausgedrückt – unter aller Sau aussah interessierte es niemanden. Pünktlich Feierabend gemacht trotz Termindruck? Kein Problem. All diese Dinge stauten sich auf. Irgendwann fasste ich den Entschluss dort nur noch meine Ausbildung zu beenden und dann neu zu starten – natürlich bei einer anderen Firma.

Ich wusste, was ich konnte, aber hatte einfach den falschen Arbeitgeber ausgewählt. Die richtige Kabelführung im Auto zu finden und zu konstruieren, war nicht so mein Fachgebiet und die Datenschubse zu machen auch nicht. Für letzteres brauchte ich schließlich keine zweite Ausbildung.

Ein weiterer Grund für die Entscheidung den Betrieb zu verlassen war, dass ich ewig nicht wusste, ob ich überhaupt nach der Ausbildung übernommen werde. Für das Übernahmegespräch ließen sich die Chefs und Teamverantwortlichen fast bis zum Ende Zeit. Die Ausbildung war schon so gut wie vorbei, als sie mir ein Angebot unterbreiteten. Zum einen war ich mit dem angebotenen „geringen" Verdienst unzufrieden und zum anderen wurde mir nicht wirklich gesagt, wo meine Zukunft liegt. Also sprich in welchem Team und mit welchen Themengebiet. Schließlich absolvierte ich nicht drei lange Jahre lang eine zweite Ausbildung, um dann nur Daten herunterzuladen und hin und her zu schieben. Das war mir auf Dauer zu langweilig und ich fühlte mich Unterfordert.

Als ich die Übernahme ausschlug, wurde der Ton etwas rauer. Klar hieß es, es sei meine Entscheidung und sie akzeptieren diese, hätten aber ursprünglich große Pläne mit mir vorgehabt. Na schön, und gut, davon merkte ich nur nichts. Im Nachhinein kann man das schon mal behaupten. Obs stimmte? Weiß der Geier.

Da ich meine neue Arbeitsstelle erst im August antreten konnte, war ich 4 Wochen Arbeitslos. Dies wusste meine Teamleiter und erzählte

Halbwahrheiten im Betrieb. Ganz nach dem Motto wie blöd ich bin, dass sehr gute Angebot auszuschlagen und was ich jetzt davon habe. Nämlich arbeitslos zu sein. Auf so einen Arbeitsplatz, an dem niemand dem anderen wirklich etwas gönnt, Neid und Missgunst herrscht, wollte ich nicht weiterarbeiten. Das Arbeitsklima war einfach hinterlistig. Es gab sehr viele Arbeiter – gerade einige der Teamleiter – die nur an ihren eigenen Vorteil dachten und dafür andere liebend gerne durch den Dreck zogen.

Was ich im Nachhinein noch erfuhr, als ich bereits meine neue Stelle angetreten hatte, dass es nicht besser wurde. Vielmehr sank das Arbeitsklima stetig weiter und verschlimmerte sich in einigen Büros. Gerade mit den Vorgaben des Kleidungsstiles und den Klischee Frauen sollen Schuhe mit möglichst hohem Absatz tragen. Die Kündigungsrate war komischerweise sehr, sehr hoch. Viele betrachteten die Firma nur als eine Art Zwischenstation und hofften somit in die Auftragsfirma zu kommen oder kamen eben nicht mit den Arbeitsbedingungen und dem Arbeitsklima zu Recht.

Für mich selbst startete erneut eine neue Zeit und neue Herausforderungen warteten auf mich. Komischerweise freute ich mich darauf, da sie mich endlich aus meiner bisherigen Heimat wegzogen. Ganz weit weg sogar.

Reset – Raus aus dem Kaff

Während meiner zweiten Ausbildung und dem Entschluss mir danach eine neue Arbeitsstelle zu suchen, wurde in mir der Wunsch immer größer komplett neu zu starten und bei null anzufangen. Ich wollte nicht nur einen neuen Arbeitsplatz, sondern viel mehr raus und möglichst weit weg von zu Hause. Raus aus dem Dorf, weg von Ausgrenzung und Mobbing, einfach ganz neu anfangen, wo mich niemand kennt.

Deshalb schlug ich bewusst ein Jobangebot aus, welches mir sicherlich sehr viel Spaß gemacht hätte. Das Einstiegsgehalt an sich war zwar eher im unteren Bereich angesiedelt, aber stetig an mit den erbrachten Leistungen. Stattdessen entschied ich mich dazu bei einer Leiharbeitsfirma anzufangen, die mir einen Job in meiner Wunschstadt versprachen. Bevor sie mich jedoch vermitteln konnten, sollte ich einen CAD-Kurs belegen. Dieser fand bei ihnen vor Ort statt. Ich dachte mir: Ok, kann ja nicht schaden, da wir in der Ausbildung bestimmt noch nicht alles gelernt haben und machte mich auf den Weg, die Schulung zu besuchen. Damit war ich unter der Woche nicht zu Hause, sondern wie gewünscht, weit weg von da.

Leider war der Kurs für mich sehr, sehr langweilig. Der Kurs richtete sich nach jeden und war dementsprechend für Anfänger aufgebaut. Jeder konnte daran teilnehmen, auch ganz ohne Vorkenntnisse. Ich fühlte mich unterfordert und überhaupt nicht richtig gefördert. Das bemerkten meine Vorgesetzten zum Glück sehr schnell und fanden eine Firma, die eine Konstrukteurin gebrauchen konnte. Am besten mit guten Vorkenntnissen in Sachen Konstruktion. Einziges Manko: Ich hatte praktisch keinerlei Erfahrung, was Kunststoffkonstruktion betraf. Dies bedeutete, ich wusste auch nicht, worauf ich achten musste. Klar hatten wir in der Berufsschule das Thema durchgenommen, besser gesagt nur grob angerissen. Damit verfügte ich zwar über ein bisschen theoretische Kenntnisse, mehr aber auch nicht. Mein Vorteil, der die Firma dazu veranlasste, sich für mich zu entscheiden: Ich konnte Konstruieren und war mehr als nur lernbereit.

Mit meinem Engagement arbeitete ich mich sehr schnell ein und fühlte mich an meinem Einsatzort über 300 km weit weg von zu Hause wohl. Ja, ich begann mein Leben zu genießen. Dort kannte mich niemand, dort hatte keiner Vorurteile und dort konnte ich in Ruhe arbeiten und meinen Feierabend genießen. Einziger Nachteil: Ich kannte dort auch niemanden und verbrachte meinen Feierabend ausschließlich mit Joggen bzw. Sport und am Wochenende ging es Heim zu meinen Eltern. Zumindest in der ersten Zeit, da ich mir sehr bald nach dem Start der neuen Arbeit eine Wohnung suchte.

Ich entschloss mich bereits einige Zeit vorher von zu Hause auszuziehen. Mich hielt in dem Dorf einfach gar nichts mehr und ich wollte etwas neues Kennenlernen und eigenständig werden. Da ich ein Landmädel bin, dachte ich mir, ich probiere jetzt einmal das Leben in einer Großstadt aus. Also suchte ich mir in einer uns nahegelegenen größeren Stadt in einem am Rand gelegenen Stadtteil eine Wohnung. Der Weg war – wie sich nur ein paar Monate später heraus stellte - praktisch umsonst. Ich nutzte die Wohnung nur an den Wochenenden und nicht mal das regelmäßig. Die Miete hätte ich mir auch sparen können.

Ich wollte und will nie wieder in mein Heimatdorf zurück und da blieb und bleibe ich mir selbst zu liebe treu. Dies hatte ich mir geschworen und dabei blieb ich auch. Zu diesem Umbruch mit Arbeit und neuer Wohnung gesellte sich wieder erwarten noch eine Neuheit. Ich kam mit meinem jetzigen Ehemann zusammen. Wir hatten vor unserer Beziehung schon eine Hürde, die wir bewältigten, mussten. Diese lag mehr an mir allein. Für mich stand fest: Ich bin nicht die richtige Partnerin an seiner Seite und ich wollte ihm eine Enttäuschung ersparen. Jedoch hatte ich mich bereits in ihn verliebt, als ich ihm einen Korb gab. Er war beruflich praktisch 24/7 eingespannt und ich sah darin eine zu hohe Hürde. Schließlich bin ich von ihm nicht 20 km, sondern 70 km weit weggezogen. Mein Heimatdorf wäre näher an seinem Heimatort gewesen als meine neue Wohnung. Ich saß unter der Woche sogar noch weiter weg. Sprich wir sahen uns, wenn überhaupt nur am Wochenende Samstagabend und Sonntagnachmittag für ein paar wenige Stunden.

Gerade unter der Woche nahm mich das sehr mit. Ich gewöhnte mich sehr schnell an ihn und mir viel es schwer ihn nur so selten zu sehen. Dies kompensierte ich mit noch mehr Sport. So ging ich jeden Tag eine Stunde laufen und absolvierte ein Workout. Dies war irgendwann einfach viel zu viel für meinen Körper und nicht gerade gesund. Mein Fuß schwoll an und ich hatte richtige Knieschmerzen. Das Ergebnis: Fünf Wochen Krankheit und keiner konnte mir helfen, da kein Orthopäde wirklich herausfand, woran es lag. Vielmehr wurde mir vorgeworfen ich würde simulieren und nur faul auf der Couch sitzen. In Wirklichkeit tat mir jede noch so geringe Belastung und sogar das Autofahren weh. Hinzu kam das schlechte Gewissen, da ich zu dieser Zeit Sportverbot hatte. Noch schlimmer für mich: Ich dachte es kommt rein vom Joggen und ich dürfte nie mehr laufen gehen, sprich ich werde bald wieder kugelrund sein. So zumindest mein Gedankengang. Mein Gehirn zog aufgrund all der negativen Erfahrungen zu meinem Körpergewicht die falschen Schlüsse und spinnt sich irgendwelche Fantasien zusammen. Ob mich mein Freund dann noch lieben könnte? Wie schon so oft in meinem Leben setzte mich das Mental sehr unter Druck. Ich konnte damit nicht umgehen und deshalb wurde das Essen wieder mehr und mehr reduziert und sogar fast wieder eingestellt. Wenn schon kein Sport, dann weniger Kalorien zu sich nehmen war mein Motto. Gesund war was anderes. Wie schon seit Jahren hatte ich wieder ein gestörtes Essverhalten.

Während der Krankheitszeit entschloss ich mich dazu eine Arbeitsstelle in der Nähe meines Freundes zu suchen. Er litt genauso wie ich an der Fernbeziehung und da ich noch in Probezeit war, konnte ich mir jetzt noch was neues suchen und problemlos Kündigen. Deshalb begann ich mich erneut zu bewerben und fand sehr schnell einen Job. Natürlich war die Dienstleistungsfirma nicht gerade begeistert, da ich eine der wenigen war, die wirklich Konstruieren konnte. Um meinen Einsatzort tat es mir sehr leid und umgekehrt auch. Dort kam ich aufgrund meiner Arbeitsleistung gut an, was mich mehr als nur wunderte, schließlich war ich hier ebenso wie sonst auch das graue Mäuschen, das still und leise ihre Arbeit erledigte. Aus einem direkten Gespräch mit einem Arbeitskollegen wusste ich jedoch, dass ich seit langem die erste war, die wirklich gute Vorkenntnisse hatte und die engagiert arbeitete.

Rückkehr Landleben

Mein richtiger Neustart entpuppte sich demnach als Fehlplanung. Bereits nach einem Jahr in meiner eigenen Wohnung kündigte ich das Mietverhältnis und zog in eine Wohnung in der Heimatgemeinde meines Mannes – und zwar mit ihm zusammen. Ein kleines und nicht gerade gut überlegtes Wagnis nach einem Jahr Beziehung. Aber für mich die vollkommen richtige Entscheidung. Auch wenn ich damit wieder mehr in Richtung alte Heimat zog. Trotzdem hatte noch genügend Abstand, um glücklich zu werden. Ich trat sogar einem Verein bei und versuchte mich so gut es ging mit einzubringen. Dies funktionierte zwar nur teilweise, da ich mich nach wie vor schwer tue mit dem Knüpfen neuer Kontakte, aber ich hatte trotzdem meine Freunde. Sprich ich startete hier in meiner neuen Heimat neu durch. Zu 100 Prozent funktionierte dieses Vorhaben leider nicht. Ich bin trotz aller Schwierigkeiten mit einem kleinen Teil meines Herzens mit meinem Heimatdorf verwurzelt und besuche dort regelmäßig meine Eltern.

Rückblickend gesehen, ging es für mich vom Dorf in die Stadt und wieder zurück zum Dorfleben. Dorfkind bleibt halt einfach Dorfkind und ein eingefleischtes Landmädel wie ich eben ein Landmädel. Ob ich dies Bereue? Nein. Dorfleben kann sehr schön sein, wenn man den richtigen Anschluss gefunden hat. Wenn man ankommt und sich zu Hause fühlt. Heimat ist kein Ort, Heimat ist ein Gefühl. Das Gefühl der Heimat vermittelte mir immer mein Mann. Mit ihm könnte ich überall auf der Welt ein zu Hause finden, Hauptsache er ist an meiner Seite. Ja, ihm zuliebe gab ich meine ursprünglichen Pläne auf und kam ein Stückchen zurück in die alte Heimat. Aber genau da, wo ich jetzt bin, bin ich zu Hause. Nicht unbedingt in dieser Mietswohnung, aber ich fühle mich wie Daheim. Was will Frau schon mehr?

Ich lernte mit der Zeit meine negativen Erfahrungen mit dem Dorfleben zu unterdrücken und hinter mir zu lassen. Dem Dorfleben eine neue Chance zu geben. Für mich nicht unbedingt leicht, da es mir nach wie vor schwer fällt auf Personen zu zugehen. Offen und ganz ohne Gedankenkino, was der Gegenüber alles von mir selbst denken könnte. Trotzdem schenkte mir mein Mann eine Heimat, einen Ort, an dem ich willkommen war.

Die Entscheidung einem Sportverein beizutreten, tat mir ebenfalls in vielerlei Hinsicht gut. Ich kam raus und lernte neue Leute kennen, ob ich nun wollte oder nicht. Zudem hatte ich damit zweimal der Woche Training und damit Fix-Termine. Sprich ich konnte mich nicht mehr so einfach rausreden, wenn ich eigentlich keine Lust auf Sport hatte. Mit den regelmäßigen Trainingseinheiten fiel es mir wesentlich leichter schön langsam Fett zu verbrennen und mein Gewicht einfach zu halten, ohne wieder zuzunehmen und ohne gleich ein schlechtes Gewissen zu haben, wenn ich doch einmal mehr naschte oder aß, was ich wollte. Ein weiterer guter Nebeneffekt: Ich kam einfach raus und unter Menschen. Ich genoss es richtig mit den

Volleyballern auf Turniere zu fahren und gemeinsam zu feiern. Das fehlte mir einfach in all den Jahren: Unter Menschen zu sein, die mit einem Spaß machen und lachen, anstatt zu mobben.

Die Entscheidung meinem jetzigen Mann zuliebe wieder ein Stück mehr in Richtung alte Heimat zu ziehen war für mich damit goldrichtig. Viele meinten nach nur einem halben Jahr bis Jahr verfrüht und übertrieben, doch uns tat die Entscheidung gut. Vor allem da ich im Herzen ein Landmädel bin und es auch bleiben werde – egal was die Zukunft für uns noch bereithält.

Gerade jetzt mit unseren beiden Kindern wird mir immer mehr bewusst, wie schön es bei uns am Land einfach ist. Kurz ums Eck und man kann ohne großartigen Verkehr auf den Feldwegen Joggen und Spazieren gehen, den Kindern die Natur näherbringen und durchatmen. Es gibt für mich nichts Schöneres als unsere Zwerge draußen beim Spielen zu sehen zu können. Und ich selbst fühle mich wie gesagt wie zu Hause. Man kennt seine Nachbarn und wohnt nicht unter lauter fremden Menschen, die einen sowieso nicht grüßen.

Ganz nebenbei bemerkt: Mein Mann würde niemals in einer Stadt und vor allem in einer Großstadt glücklich werden. Er kennt und liebt das Dorfleben sowie die Landwirtschaft. Mit seiner Leidenschaft dafür hat er mich etwas angesteckt. Ich kann es mir sehr gut vorstellen irgendwann in unserem Eigenheim zu sitzen mit großem Garten und einigen Tieren.

Hallo Selbstständigkeit

Bereits als Kind hatte ich große Träume und dies nicht nur vom Abnehmen. Für die Verwirklichung eben dieser Ziele brauchte es Mut und vor allem Selbstbewusstsein. Ich dachte immer, das schaffe ich niemals und das bleibt einfach ein großer Traum. Jetzt weiß ich sag niemals nie.

An meiner Arbeitsstelle bekam ich mit der Zeit einfach Probleme. Hört sich irgendwie blöd an, aber für meine Arbeitgeber hatte ich anscheinend kein gerade gutes Händchen. Die Arbeit passte nicht zu mir. Ich war schlecht bis eigentlich gar nicht angelernt und es passierten immer mehr Fehler die der Firma hohen Kosten verursachten. Zudem fühlte ich mich zunehmend unwohl. Im Büro ging jeder seiner eigenen Arbeit nach und es gab kein Miteinander. Teilweise traute ich mich auch gar nicht mehr um Hilfe oder Unterstützung bitten, da ich sie entweder gar nicht bekam oder Ewigkeiten darauf warten musste. Der Bereich, in dem ich tätig war, lag mir gelinde gesagt auch nicht. Ich konstruierte lieber die fertigen Produkte und nicht die Werkzeuge für die Herstellung.

Schlussendlich kam es wie es kommen musste. Ich wurde krank. Besser gesagt bekam ich alle zwei Wochen schlimme Migräne-Attacken. Dies ist alles andere als normal. Als meine Fehlzeiten zunahmen, suchte ich das Gespräch mit meinem Chef und dem Personalverantwortlichen. Schließlich meinte mein damaliger Hausarzt kurz davor zu mir, ich müsste etwas ändern. Schnell kristallisierte sich heraus, dass sie mich lieber für einfache Bürotätigkeiten wie Datenbeschaffung etc. ab degradieren wollen, da sie mit meiner Leistung logischerweise so wie ich selbst auch unzufrieden waren. Dies ahnte ich bereits, weshalb ich davor einen Entschluss getroffen hatte. Ich würde gerne Kündigen. Für Datenbeschaffung war ich mir ehrlich gesagt zu schade und ich wusste, dass ich nicht doof war. Bei weitem lag die abgelieferte Arbeit weit unterhalb meiner Kenntnisse und meines eigenen Anspruches. Aber wenn man in einem Bereich bis dato so gut wie keine Ahnung hat und von heute auf morgen alles können sollte, ohne richtige Einarbeitung, ohne dass jemand über die Schultern blickt und kontrolliert, kann halt auch nichts Gutes dabei herauskommen. Ich war gewillt meinen Job so gut wie nur möglich zu erledigen. Die Überstunden wurden immer mehr. Die Migräneattacken waren schlussendlich nur ein Warnsignal meines Körpers etwas zu verändern. Und dem ging ich nach.

Ich wusste leider noch nicht genau, was ich machen wollte. Da aber die Kopfschmerzen durchaus von der langen PC-Arbeit kommen konnten, suchte ich nach einer Teilzeitstelle.

Ich selbst verfügte zu dieser Zeit bereits einen eigenen Instagram-Account und meinte ich kann sowas sehr gut verwalten. Deshalb bewarb ich mich auf eine Stellenanzeige eines Vermögensberaters. Und zack hatte ich einen neuen Job. Zwar nicht den auf den ich mich beworben hatte, aber immerhin. Während des Gespräches wurde ich auf eine Veranstaltung mit eingeladen. Ich fuhr mit und war sofort von der Stimmung dort begeistert. Die Leute unterhielten sich, tauschten Wissen aus und lachten sich an. Niemand wurde ausgeschlossen und vor allem war es egal wie viel jemand verdiente oder wie lange er bereits dabei war. Man konnte jeden alles Fragen. Zu Hause angekommen strahlte ich, war mir aber unsicher diesen Weg einzuschlagen, da ich mir den Beruf eigentlich gar nicht zutraute. Hinzu kamen bedenken aufgrund der notwendigen Selbstständigkeit und ein Gewerbe gründen zu müssen. Doch mein Mann meinte nur zu mir: „Probiere es doch erst einmal aus. Du hast doch eh nichts mehr zu verlieren. Du bist bereits arbeitslos."

Diese Worte meines Mannes brachten mich nochmal kurz zum Nachdenken, bevor ich mich endgültig dazu entschloss es durchzuziehen. Die zugesagte Unterstützung seinerseits tat mir gut und wischten alle Zweifel einfach beiseite. Bedeutete ich machte mich von heute auf Morgen selbstständig, und zwar in einem ganz anderen Beruf, den ich ursprünglich gelernt habe. Mittlerweile bin ich seit einigen Jahren selbstständig und bin dankbar diesen Weg eingeschlagen zu haben. Ich kann arbeiten wann, wo und mit wem ich möchte. Gerade die freie Zeiteinteilung fand ich super, da wir ja irgendwann einmal eine Familie gründen wollten. Mit dem Beruf bin ich flexibel und kann meine Tage so gestalten wie ich sie brauche. Zurück ins Festangestellten-Verhältnis? Für mich undenkbar. Natürlich war der Start kein Zuckerschlecken und ich kam bzw. komme auch heute noch an meine Grenzen, aber es hat sich trotzdem gelohnt.

Bisher hatte ich mit Kunden immer nur sehr wenig am Hut und meistens nur via E-Mail oder Telefon Kontakt. Jetzt kam eine ganz neue Herausforderung auf mich zu: Ich musste mit den Menschen reden, auf ihre Bedürfnisse und Fragen eingehen und alles in Ruhe Erklären und dass sehr oft mehr als nur einmal. Davor hatte ich wirklich Angst. Zudem kam hinzu, dass ich keine Kunden geschenkt bekomme wie bei anderen Gesellschaften oder bei der Bank. Man muss sich hier alles selbst erarbeiten. Dies hat seine Vor-, aber auch Nachteile. Als ich also meine Kontakte anrief, um ihnen von meinem neuen Beruf zu erzählen, konnten die Reaktionen nicht unterschiedlicher ausfallen.

Einige wenige waren begeistert und meinten, dies sei genau das richtige für mich. Andere wiederum wurden auf einmal unfreundlich und motzten mich an. Viele vermeintlich gute Freunde wandten sich sogar von mir ab, als wäre ich ein komplett neuer Mensch, den sie nicht kennen. Wenn du wissen willst, wer deine wahren Freunde sind, dann mache dich in einem Bereich Selbstständig, wo du Produkte verkaufen musst. Schnell wirst du sehen, wer dich als Mensch wertgeschätzt hat. Es sind weniger als man eigentlich selbst dachte.

Es fielen so viele Freunde einfach ganz plötzlich weg. Ich war seit meinem Entschluss der Selbstständigkeit im Finanzbereich anscheinend kein wertvoller Privat-Mensch mehr, sondern nur noch jemand der Verkauft. Aus sicherer Quelle weiß ich aber, dass dem nicht so ist. Meine Freundschaften, die mir blieben, sind noch genauso wie vorher. Klar wird auch mal über den Beruf geredet – wird er, aber auch wenn man normal in die Arbeit geht, und das finde ich nicht schlimm. Trotzdem unterhalten wir uns ganz normal und vorwiegend über eher private Themen und Probleme. Warum mir also einige Leute den Rücken zuwandten, verstand ich erstmal nicht. Jetzt ein paar Jahre später kann ich es verstehen. Es ging nicht darum, dass ich ihnen möglicherweise etwas verkaufen hätte wollen oder ich unter die vermeintlichen „Verbrecher" getreten bin. Ich selbst bin über mich hinausgewachsen. Ich habe meine Komfortzone verlassen und etwas gewagt, was sie sich selbst niemals zutrauen würden. Deshalb brach der Kontakt ab. Sie wollten sich nicht mehr mit mir Treffen, mit einer Selbstständigen, die etwas wagt. Ich denke teilweise spielte da auch etwas Neid mit hinein. Diese Erkenntnis schmerzt am meisten. Schließlich sollte man Freunden das Glück gönnen und nicht neidisch sein oder gar Missgunst wünschen.

Ändern kann ich es jetzt auch nicht mehr und ich würde es auch nicht ändern wollen. Denn in all den Jahren lernte ich so wahnsinnig viel über mich selbst. Welche unnötigen Glaubenssätze in mir verankert sind, was und wie ich mich selbst ausbremse und vor allem lernte ich mich selbst mehr wert zu schätzen. Ich stellte jahrelang und stelle auch heute noch oftmals mein Licht unter den Scheffel. Mit Lob umgehen kann ich erst recht nicht. Ich blocke da richtig ab. Warum? Weil ich es nicht anderes gelernt habe und mein

Selbstbewusstsein jahrelang mit den Füßen getreten wurde. Wie sollte ich da auch selbstbewusst auftreten? Wie sollte ich mein Geschäft zum Erfolg führen und anderen Menschen helfen? Ganz einfach: Ich musste zuerst an mir selbst arbeiten.

Genau diese Arbeit schob ich jahrelang vor mir her. Aus Angst vor der Konfrontation. Ich habe meine Gefühle erfolgreich unterdrückt und damit meine Vergangenheit. Jetzt sollte ich sie aufarbeiten, um endlich in ein glücklicheres Leben zu starten. Erst ab der Geburt meiner beiden Kinder wurde mir dies so richtig bewusst. Es ging jetzt nicht mehr allein um meinen Beruflichen Erfolg und sicheres Auftreten, sondern darum eine gute Mutter zu sein. Ich möchte meinen Kindern zeigen, dass man auch auf sich selbst Stolz sein darf. Eigenlob stinkt nicht, Eigenlob tut der Seele gut und baut einen auf.

All das und noch so viel mehr zu meiner Persönlichkeit durfte ich dank der Vermögensberatung lernen und ich bin damit noch lange nicht zufrieden. Das Buch ist ein erster Schritt mit meiner Pein und dem Mobbing umzugehen. Aufzuarbeiten, was alles schieflief, mich selbst zu reflektieren, zu vergeben und damit abzuschließen. Endlich einen Neustart in ein glücklicheres Leben wagen.

Neben der Vermögensberatung entdeckte ich ein weiteres großes Hobby von mir, welches ich 2021 zum Nebenberuf machte. Während der Schwangerschaft mit unserem ersten Kind war ich häufig nervös, hatte unnötig Angst um das Kind und machte mir sorgen. Also fing ich an Makramee zu knüpfen, wieder mehr zu malen und mich einfach Kreativ auszutoben. Natürlich wurde unsere Wohnung für all die entstandenen Werke zu klein. Deshalb entschloss ich mich ein Nebengewerbe aufzubauen als Ausgleich zum Mama-Alltag und dem Alltag als Finanzcoach. Hier hatte ich zwar weniger Kundenkontakt, konnte aber den Menschen Freude mit meinen Werken schenken und das erfüllte mich mit Glück und Stolz.

Dank meiner beiden Unternehmen und den Dank der Menschen, denen ich helfen kann und denen ich eine Freude bereite, lerne ich mich selbst mehr wert zu schätzen. Klar, ich bin mit mir selbst wahrscheinlich noch lange nicht im Reinen, aber auf einen guten Weg dahin. Eines weiß ich und habe ich mir schon immer geschworen: Ich werde es allen zeigen, die mich klein gemacht haben. Ich mache etwas aus mir, da ich nicht weniger wert bin als andere und ich eine starke Persönlichkeit besitze. Ja ich bin leicht verletzlich, vor allem, was meine Figur betrifft. Auch heute lasse ich mich noch sehr schnell verunsichern, aber ich kämpfe. Ich kämpfe für mich und ich kämpfe für meine Familie, die immer hinter mir steht, auch wenn es einmal nicht so läuft wie gedacht. Ich kämpfe für eine bessere Zukunft und eine glückliche Kindheit meiner Kinder, damit sie selbstbewusst und glücklich aufwachsen können. Mit ihrer Mama an der Seite, die sehr flexibel arbeiten kann und sich dadurch sehr viel Zeit für ihre Kinder nimmt bzw. freischaufelt.

Instagram – Neue Wege gehen

Mein Selbstbewusstsein litt all die Jahre extrem unter den Mobbingattacken, dem Gewicht und den damit einhergehenden vermeintlich guten Tipps zu meiner Figur bzw. Beleidigungen. Gerade die Aussage: „Dein Oberkörper passt nicht zu deinem Unterkörper" nagten immer an mir. Klar war mit dem Beginn meiner Selbstständigkeit das ich an meinem Selbstwertgefühl und meinem Selbstbewusstsein dringend arbeiten muss. Schließlich arbeitete ich nun mit anderen Menschen zusammen und da darf ich mich nicht selbst ins Abseits befördern, sondern muss auch mit den Menschen reden können. Außerdem schadet es nicht in diesem Berufszweit ein dickes Fell zu haben. Zum einen um meine Meinung klar vertreten zu können, mir keine Vorwürfe zu sehr zu Herzen zu nehmen und zum anderen um nicht immer nur Ja und Amen zu sagen und mich womöglich unterkriegen zu lassen. Ein öffentlicher Internetauftritt wäre zudem auch nicht schlecht. Sogar von Vorteil, da die jungen Menschen schon erstmal nach einem Gesicht zum Berater suchen. Auch hier zählt der erste Eindruck und ob es Zwischenmenschlich funktioniert.

Also stellte ich mir die Frage: Wie kann ich es schaffen? Wie kann ich es schaffen mehr aus mir herauszukommen? Mich mehr zu trauen und vor allem vor anderen zu reden. Mich im Internet zu präsentieren, ohne zu schüchtern zu sein? Ich entschied mich nach langen hin und her Instagram zu installieren. War ja modern und angesagt. Gesagt getan. Zuerst legte ich mir ein eigenes privates Profil an. Dieses lies ich bewusst auf Öffentlich gestellt, damit mir jeder, der gerne möchte, mir folgen kann ohne dauernd Anfragen zu beantworten. Ich startete ganz langsam und behutsam mit Fotos auf meinem Profil. Ziemlich schlechte sogar, bei denen ich meist nur mit dem Gesicht zu sehen war oder eben Selfies. Mit der Zeit versah ich die Bilder immer mehr mit persönlichen Texten. Irgendwann versuchte ich in die Kamera zu sprechen und nahm Stories auf. Zuerst viel ohne Gesicht und Körper, ohne Stimme – Also praktisch ebenfalls nur Bilder aus meinem Alltag. Nachdem ca. 20 Personen täglich mein Leben verfolgten, wurde mein Ehrgeiz geweckt. Ich fragte mich immer mehr wie es andere schafften locker und flockig wie selbstverständlich in die Kamera zu sprechen und ich traute mir das nicht zu. Natürlich hatten davon die allermeisten bereits über 5.000 Follower, die täglich ihre Storys verfolgten. Also warum stellte ich mich so an und schaffte nicht einmal für zwanzig Leute in die Kamera zu sprechen. So schwer kann das doch gar nicht sein.

Ich musste meine Komfortzone verlassen, das wurde mir immer bewusster. Deshalb sprang ich über meinen eigenen Schatten und drehte Storys – gesprochene mit Bild und Ton. Natürlich war das zu Beginn ungewohnt, schließlich redete ich ausschließlich mit meinem Handy und nicht mit einem Gegenüber oder gar vor einem Publikum. Mit der Zeit gewöhnte ich mich allerdings daran und würde sagen ich wurde darin besser. Nach und nach wuchs ich über mich hinaus. Schöpfte alle

Möglichkeiten von Instagram aus. Drehte Reels und traute mich Live zu gehen. Letzteres noch nicht allzu oft und ganz selten, aber immerhin. Wer weiß, vielleicht werden die Lives mit der Zeit mehr und ebenfalls zur Routine wie meine Stories.

Von meinen wenigen Freundinnen und einigen Bekannten bekomme ich mittlerweile sogar positives Feedback. Sie fragen mich auch, wie ich es schaffe so locker in die Kamera zu reden oder Reels zu drehen. Sie würden sich das niemals trauen. Tja, was soll ich sagen, ich auch nicht. Ich hätte es mir auch niemals zugetraut. Einfach Kopf aus und loslegen. Es ist einfach eine Übungssache – Wie vieles im Leben, das man lernen kann.

In Gegensatz zu richtigen Influencer, folgen mir mit im Durchschnitt 550 Follower im Jahr 2023 nur sehr wenige. Davon sehen gerade einmal zwischen 70 und 90 Leuten meine Story täglich und das nach ganzen fünf Jahren Instagram. Trotzdem ist es für mich ein Erfolg. Ein Erfolg mich selbst überwunden zu haben und mich auf eine gewisse Art und Weise auch angreifbar zu machen. In der Öffentlichkeit zu präsentieren für jedermann sichtbar und vor allem kommentierbar. Angreifbar für Cyber-Mobbing. Gerade im Internet ist es heftig, was da teilweise von anderen Menschen von sich gegeben wird. Auch diese Erfahrung durfte und musste ich bereits machen. Es war kurz nach der Schwangerschaft mit unserer Großen. Ich überwand mich ein Reel zu drehen, obwohl ich mich mit den Schwangerschaftspfunden mehr als nur unwohl fühlte. Prompt folgte ein negativer

Kommentar bzgl. meiner Figur, meiner rundlichen Figur mit +36 kg während der Schwangerschaft.

Das Kommentar war für mich schon sehr unverschämt, da derjenige weder mich noch den Grund für mein Gewicht kannte. Den genauen Wortlaut weiß ich gar nicht mehr. Erst folgten Lachsmilys – ich kam erst im Nachhinein darauf, dass diese als Auslachen gemeint waren – anschließend meinte die Person nur, ich sollte doch mal weniger Donuts essen. Die Aussage traf mich völlig unerwartet heftig. Zwar gab ich das nicht zu, vor allem nicht in der Öffentlichkeit, dennoch tat mir diese Aussage einer völlig fremden Person wen. Sie erinnerte mich sofort an meine Kindheit. Ja ich hatte während meiner Schwangerschaft mit unserer Prinzessin sehr viel zugenommen. Ja ich gehöre nicht zu der Sorte Mensch, die nach einer Schwangerschaft sofort wieder wie vorher aussehen. Nein, ich wollte natürlich nicht so „dick" bleiben. Genau aus diesen Gründen fand ich die Aussage schon sehr dreist.

Zu diesem Zeitpunkt machte ich durchaus wieder etwas Sport in Form der Rückbildungsgymnastik, langen Spaziergängen und Hula-Hoop. Ich achtete auch wieder etwas mehr auf meine Ernährung. Nur fiel mir dies sehr schwer. Ich litt ständig unter Heißhungerattacken. Unter anderem wahrscheinlich aufgrund der Hormonumstellung und dem Stillen. Als frisch gebackene Mama hat man erstmal anderes im Sinn als sofort auf alles zu verzichten und sofort wieder abzunehmen. Frau muss sich erstmal von der Geburt erholen, wichtige Formulare ausfüllen, sich an das Kind und damit verbunden einen neuen Tagesablauf gewöhnen. Sport? Undenkbar – zumindest am Anfang, bis sich alles eingependelt hat und bis die wichtige Rückbildungsgymnastik vorbei ist. Ohne Rückbildung sofort wieder zu Sporteln ist sogar grob fahrlässig. Hinzu kam, dass mein Mann aufgrund seines Berufes vom Frühjahr bis Herbst fast nicht zu Hause ist. Im Winter hat er mehr Zeit für seine Familie. Bedeutet: Ich konnte nicht sagen geh mal mit dem Kind ein paar Stunden spazieren oder pass darauf auf, damit ich meine Arbeit, meinen Haushalt und Sport erledigen kann. Irgendwie arrangieren wir uns immer bzw. schaffte ich einen Teil meiner Aufgaben trotz mittlerweile zwei Kindern zu erledigen. Dies war am Anfang jedoch nicht so leicht und vor allem nicht selbstverständlich.

Ein weiterer Punkt ist, dass ich mich selbst und meine eigenen Bedürfnisse gerne einmal hintenanstelle. Erst kommen alle anderen und dann ich. Ruhe gibt es nur, wenn es mir wirklich sehr schlecht geht und ich mich quasi gar nicht mehr auf den Beinen halten kann. Dementsprechend war es mir gerade bei unserer Großen und nach unserer Vorgeschichte eine Herzensangelegenheit, dass es ihr gut geht. Da rutschte mein erneutes Figur-Problem erst einmal für ein Jahr in den Hintergrund.

Das Kommentar allein verriet schon, dass es jemand war, der mir nicht folgte. Der sich nicht einmal die Mühe gemacht hat mein Profil genauer unter die Lupe zu nehmen. Sonst hätte er gewusst, dass ich vor kurzen erst zum ersten Mal Mutter geworden war. Mein angeknackstes Selbstwertgefühl erhielt trotz meiner mir durchaus bewussten Gründe für die Kilos einen weiteren knacks. Öffentlich zog ich den Kommentar als Überspielung meiner eigenen Unsicherheit ins Lächerliche. Ich esse Donuts nicht einmal gerne. Sie sind mir viel zu süß. Trotzdem meinte ich dann auf den Kommentar brauche ich glatt einen.

Innerlich sah es ganz anders aus. Entgegen meiner Behauptung, es sei mir egal wie derjenige Denkt, brach innerlich ein Teil von mir. Ich fühlte mich in meine Kindheit und dem Mobbing zurückversetzt. Auf einmal fühlte ich mich unsexy und dick. Ok, das war ich vielleicht auch etwas, aber immerhin hatte ich doch ein gesundes Kind zur Welt gebracht.

Genau solche eigenen Vorwürfe und Verunsicherungen aufgrund einer fremden Person sollten nicht passieren. Vielmehr sollte ich Selbstbewusst vor der Kamera stellen. Selbstbewusst für das Einstehen, was mein Leben betrifft und ausmacht. Selbstbewusst zu mir, meinem Körper und meinen Entscheidungen stehen. Genau diese Gründe für mich selbst führte ich mir wieder vor Augen und machte einfach weiter. Es ist doch egal was andere von mir denkend. Ich muss mich wohlfühlen und nicht sie. Sollte das mit ein paar Kilo mehr auf den Hüften sein, wäre das in Ordnung.

Für mich zwar nicht, da ich einfach gebrandmarkt bin. Deshalb ändere ich dies wieder. Nicht für die anderen, sondern einfach für mich selbst. Ich möchte mich wieder in meiner Haut wohlfühlen und hierfür muss ich ein paar Kilos verlieren. Hierbei nehme ich sogar mittlerweile meinen treuen Follower mit. Mit auf meinem Abnehm-Weg, mit zu meinem Ich, mit zu meiner Vergangenheitsbewältigung und mit auf meine persönliche Lebensreise mit allen Höhen und Tiefen. Ich lerne dank Instagram auch immer besser mit Kritik oder eben Cyber-Mobbing umzugehen. Nicht immer gleich alles so nah an mich heranzulassen und persönlich zu nehmen. Ich bin offen für konstruktive Kritik, blocke aber bei Vorwürfen und Gemeinheiten ab und ziehe einen virtuellen Regenmantel über an dem die Negativität abprallt.

Aus einem privaten Profil wurden innerhalb von fünf Jahren ganze drei Profile. Ich entschied mich nach einiger Zeit mit meinen Hauptgewerbe Online zu gehen, um Werbung zu machen, wertvolle Tipps zu geben und einfach um Präsenz auszustrahlen. Während meiner ersten Schwangerschaft eröffnete ich ein Nebengewerbe für Handgemachtes und erstellte auch hierfür ein eigenes Profil. Die beiden Geschäftskonten kommen zwar im Moment aufgrund unserer zwei Zwerge leider etwas zu kurz, aber immerhin findet man mich im Internet. Keines der drei Profile möchte ich mittlerweile mehr missen.

Hilfsbereit zu welchem Preis?

Trotz der ganzen negativen Erfahrungen wuchs ich zu einer sehr hilfsbereiten Person heran. Egal wer meine Hilfe, meinen Rat oder meine Unterstützung benötigt, ich bin immer da für meine Familie, meine Verwandtschaft, meine Freunde und meine Bekannte. Bevor ich an mein eigenes Wohl denke, kommen erst alle anderen. Egal ob Familie oder Freunde, Bekannte, Verwandte oder meine Kunden – Zuerst die anderen und dann ich. Über kurz oder lang brachte mich das des Öfteren bereits in Schwierigkeiten oder einfach in eine mentale Down-Phase. Man glaubt es kaum, aber es gibt Menschen, die fordern immer nur ein und geben nichts zurück. Vielmehr sind sie dir dann böse und beleidigt, wenn du einmal NEIN sagst. Sie reden dir sogar noch ein schlechtes Gewissen ein, obwohl du niemanden etwas schuldest außer dir selbst.

Da ich niemanden, aber auch wirklich niemanden verletzten wollte, entwickelte ich mich zu einem typischen JA-Sager. Ein Nein kam von mir nur ganz, ganz selten und erst dann, wenn ich mich wirklich ausgenutzt fühlte und das nach Ewigkeiten kapiert habe. Bis es jedoch so weit war, vergingen schon fast Monate und Jahre.

So gab es einige Freundschaften in meinem Leben, die nur so lange Funktionierten, wie ich sprang. Sprich wollten die Freunde etwas unternehmen und ich sagte Ja, war alles gut. Sobald ich einmal keine Lust hatte oder etwas anderes Unternehmen wollte, waren sie beleidigt. Sie meldeten sich auch nur bei mir, wenn sie etwas von mir brauchten oder wollten. Sei es ein offenes Ohr oder Hilfe bei der Arbeit oder einfach nur Jemanden der sie begleitete damit sie nicht allein irgendwo hingehen mussten. Auf Dauer kann so eine Freundschaft nicht funktionieren. Eine gute Freundschaft besteht ausgeben und nehmen und nicht immer nur fordern.

Dies zu verstehen, dauerte bei mir etwas länger. Ich musste das erst einmal lernen. Dabei handelt es sich um einen langwierigen Prozess, aber mit der Zeit bekommt man ein Gefühl dafür welche Freundschaften einen gut tuen und welche eine permanente Energie rauben.

Klar tat mir die Erkenntnis sehr oft weh, da ich damit vermeintlich gute Freundschaften verlor, aber es ging mir anschließend besser. Mittlerweile denke ich, lieber weniger Freunde und dafür wahre, die immer für einen da sind und umgekehrt. Auch wenn wir uns teilweise nur selten sehen, weiß ich, ich kann mich auf meine Freundinnen immer verlassen und sie sich auf mich. Das ist so viel mehr wert als viele Freunde zu haben und dafür die Falschen. Zwar weiß ich das mittlerweile, dennoch trete ich hier immer mal wieder ins Fettnäpfchen mit meiner Hilfsbereitschaft und werde sehr schnell ausgenutzt.

Trotzdem bin und bleibe ich ein hilfsbereiter Mensch. Für meine Selbstständigkeit ist diese Tatsachen nicht immer von Vorteil, da man sich schnell in einer emotionalen Spirale oder besser gesagt Achterbahn befindet. Dies merke ich, wenn es beim Kunden um das Thema Geld geht. Egal ob es sich um nicht vorhandene Rücklagen handelt, fehlende Puffer oder einfach um eine einfache Baufinanzierung – Ich hänge mich für den Kunden fiel zu stark rein, obwohl es oftmals sein eigenes Verschulden ist. Selbst das Geld für unnütze Dingen ausgibt und überhaupt nicht einsichtig ist. Und was tue ich? Binde mich Emotional an die Kundensituation, reiße mir gelinde gesagt den Arsch auf, um ihnen zu helfen, um dann schlussendlich eine in die Magengrube zu bekommen. Vorwurf Falschberatung oder Abschluss von unnötigen Sachen, die wir mehr als einmal besprochen haben, bevor es zur Unterschrift kam. Bei solchen Kunden denke ich mir sehr oft, warum tue ich es mir an und sage von vornherein nicht nein? Mein Bauchgefühl ist meistens beim Erstgespräch schon kein Gutes oder eher zwiegespalten. Trotzdem möchte ich helfen. Ich werde da einfach ausgenutzt und solange es dem Kunden zugutekommt, nutzen sie das auch aus. Wehe einmal funktioniert etwas nicht so wie sie sich das Vorstellen oder ich ihnen einfach nicht mehr weiterhelfen kann aufgrund von Beratungsresistenz, bin ich sofort eine schlechte Beraterin. Das ich davor schon etliche Stunden ohne jeglichen Verdienst für den Kunden geopfert habe, ist egal und wird auch gar nicht gesehen. Sie sehen nur das, was sie wollen. Gerade in meinem Beruf ist es oftmals nicht all zu leicht. Wir gelten als Verbrecher, die unnötige Dinge abschließen, um etwas zu verkaufen. Derweilen sind es oftmals die Leute selbst, die ihre eigene Situation falsch einschätzen und nach Aufklärung trotzdem uneinsichtig sind. Ganz nach dem Motto: Es geht schon irgendwie weiter und mir passiert nichts. Falsch gedacht und trotzdem helfe ich jedem weiter, der zu mir kommt – Trotz unguten Bauchgefühl, trotz aller Alarmglocken. Zum Glück sind nicht alle Kunden so. Der Großteil ist dankbar, dankbar für meinen Einsatz und meine Hilfe.

Beim Thema ausnutzen lassen muss ich selbst noch sehr viel lernen. Vor allem wie weit ist Hilfe und Unterstützung ok und ab wann ist es wirklich ausnutzen? Gerade im Bereich der Familie tue ich mich damit wahnsinnig schwer. Ich bin auch hier immer für alle da, egal was ist. Doch habe ich auch hier ab und zu das Gefühl ausgenutzt zu werden. Es gibt einfach Aufgaben, die von den jeweiligen Personen leicht selbst ausgeführt werden könnten und trotzdem hänge ich da irgendwie immer mit drin.

Hier scheitert es, denke ich, vor allem am Loslassen. Ich behalte gerne in manchen Bereichen die Kontrolle. Ich schon zwar schon oft genug gesagt jetzt reicht es und ich mache gewisse Aufgaben nicht mehr. Ziemlich schnell knicke ich doch wieder ein, wenn ich gefragt werde. Schlimm ist es, zu Wissen das es so ist, aber daran einfach nichts, aber auch gar nichts zu ändern. Wie blöd kann ein einzelner Mensch sein? Ich würde hier tatsächlich hier schreien müssen, da ich mich da einfach ausnutzen lasse. Ohne Entgelt und was noch viel schlimmer ist ohne Dank. Es handelt sich keineswegs um Selbstverständlichkeiten. Ich investiere schließlich meine Zeit für Dinge, die mir selbst nicht Nutzen, mich nicht weiter voranbringen. Vielmehr sind es zeitfressende Aufgaben, die ich für meine beiden Unternehmen oder noch viel wichtiger für meine Kinder gebrauchen könnte.

Diese Baustelle werde ich auf alle Fälle noch in Angriff nehmen. Wenn du dich selbst hier wiederfindest, dann ändere bitte dir zuliebe etwas. Egal für was oder wem du dich aufopferst, es ist es meistens nicht wert. Deine Arbeit, deine Energie und deine Zeit werden einfach nicht wertgeschätzt. Und an einem einfachen Dankeschön ist sicherlich noch niemand gestorben. Das sollte das Mindeste sein.

Mein Leben, meine Regeln, meine Entscheidungen

Sicherlich lief in der Vergangenheit einiges nicht so wie geplant und es läuft auch heute noch nicht so wie es sollte. Dies könnt ihr in einigen Kapiteln sicherlich klar und deutlich herauslesen. Trotzdem hat sich mein Leben zum Guten gewendet. Vielen Wendungen verdanke ich wohl zum Großteil meinen Glauben daran, dass es besser wird, immer weitergeht und meiner guten mentalen Stärke, welche stetig zunimmt.

Natürlich ist mein Selbstbewusstsein noch mehr als ausbaufähig und alles andere als gut. Doch blicke ich zurück, merke ich, dass ich in den letzten Jahren klar gewachsen bin. Nicht in der Größe, sondern an meiner Persönlichkeit. Ich traue mir selbst mehr zu und gehe oftmals an meine Grenzen. Sprenge, ohne es richtig zu   aus der Situation heraus meine eigene Komfortzone und wage neue Wege. Immer mit dem Wissen scheitern zu können, aber trotzdem mit dem Glauben es zu schaffen.

Eines habe ich mittlerweile verinnerlicht: Es geht hier einzig und allein um mein eigenes Leben und nicht um das der anderen. Ich muss mein Leben leben, wie ich es für richtig halte und wie ich es gerne möchte. Ganz egal was andere davon halten mögen. Sie müssen schließlich müssen nicht meinen Weg gehen, sondern ihren eigenen. Und genau für meinen Weg lege ich meine Regeln fest und treffe meine eigenen Entscheidungen.

Niemand kann mir meine Entscheidungen abnehmen. Andere Menschen sind nicht ich. Sie würden deswegen oftmals ganz anders reagieren und handeln als ich. Aber sie tragen auch nicht die Verantwortung für mein Leben. Diese Verantwortung liegt allein auf meinen Schultern. Ich trage sie allein. Und das ist auch gut so.

Ich habe mir fest vorgenommen, nur noch meine eigenen Entscheidungen zu treffen ohne mir von den Menschen um mich herum in die Suppe spucken zu lassen. Natürlich wirken im Prozess andere Personen mit – Bewusst oder unbewusst. Viele Entscheidungen betreffen die Familie und diese werden natürlich zusammen mit meinem Ehemann getroffen. Er ist sowieso mein Anker, der mir Halt gibt. Sobald mein Gefühl mir den Weg weißt, unterstützt er diesen in den meisten Fällen. Nur selten müssen wir einen Kompromiss schließen, weil mein Wunsch nicht ganz so umsetzbar ist.

Auch das kommt vor. Die gut gemeinten Ratschläge, die auch Schläge sind. Hier darf ich – ob vom Geber bewusst oder unbewusst – immer wieder sehr starke Schläge einstecken. Doch ich stehe mittlerweile darüber, reflektiere, bilde mir meine eigene Meinung und treffe dann eine Entscheidung. Erst dann bin ich mir sicher, dass es sich lohnt dafür zu kämpfen.

Ich merke bereits jetzt positive Veränderungen in meinem Alltag und in meinem Leben. Diese kann ich aktiv mit meinem Denken und Handeln lenken. Deshalb werde ich auch weiterhin, meine eigenen Entscheidungen, meine eigenen Regeln treffen und mein eigenes Leben leben.

Hört sich gut an, oder? Natürlich treffe und traf ich nicht immer gute Entscheidungen. Einige bereue ich und einige fand ich zwar falsch, halfen mir aber schlussendlich über Umwegen doch noch zu meinem Glück. Kein Mensch ist perfekt. Jeder macht Fehler – So auch ich.

Nicht ohne Schwangerschaftskilos

Wie aus all den Kapiteln klar hervorgehen dürfte, ist mein gestörtes Verhältnis zu meinem eigenen Körper und zu meinem Gewicht. Es ist kein Geheimnis, dass ich niemals richtig zufrieden mit meiner Figur war und es auch heute auch lange noch nicht bin.

Als es um das Thema Familienplanung ging, befand ich mich in einem richtigen Zwiespalt. Ja ich wollte Kinder mit dem richtigen Partner an meiner Seite. Der Traum von zwei Kindern verfestigte sich auch immer mehr in mir. Das einzige „Problem" daran: Mit einer Schwangerschaft nimmt man halt das ein oder andere Kilo zu. Genau davor hatte ich Angst.

Ich konnte mein Gewicht nur aufgrund der ausreichenden Bewegung in Form von sehr viel Sport halten. Doch was würde sein, wenn ich ein Kind unter meinen Herzen trage? Kann ich weiterhin Sport treiben, um fit zu bleiben und die Kilos etwas einzudämmen? Wie soll ich mit den Heißhungerattacken umgehen? Was wenn ich über 30 kg zunehme? Bringe ich die Kilos denn auch wieder herunter? Wie gehe ich mental damit um?

Genau bei letzteres lagen all meine Sorgen. Ich weiß, dass ich mental bei diesem Thema extrem angreifbar bin. Es fehlt nicht viel und ich fühle mich sofort aufgrund meines Aussehens schlecht. Wenn ich also während der Schwangerschaft zunehme, wie gehe ich gedanklich damit um? Und wie gehe ich mit meinem Aussehen nach der Entbindung um? Da ist ja dann gar nichts mehr straff. Gut, bei mir war noch niemals wirklich irgendwas straff, aber danach hängt halt der Bauch doch noch etwas mehr durch. Der Körper braucht auch seine Zeit sich zurückzubilden. Selten sieht man von heute auf morgen wieder wie vorher aus. Bei meinen Veranlagungen sowieso schon gleich gar nicht.

Damals als ich in der Jugend die 25 kg abnahm, schwor ich mir eigentlich nur noch zuzunehmen, wenn ich wirklich Nachwuchs bekam. Irgendwann war es dann auch so weit. Wir erwarteten unser erstes Kind, ein Regenbogenmädchen nach langem Warten und zwei Frühschwangerschaftlichen Abgängen. Eine Kämpferin wuchs in meinem Bauch heran. Eine Kämpferin, für die ich gerne meine Figur vernachlässigte. Während der Kugelzeit fiel es mir leichter als gedacht mit der Gewichtszunahme umzugehen. Ich freute mich einfach auf unser gesundes Mädchen, auf das wir so lange warten mussten. Für mich zählte nur noch die Gesundheit unserer Maus. Dafür lohnte es sich auf Sport zu verzichten. Besser gesagt verzichten zu müssen. Ja, ich weiß. Frau darf auch während einer Schwangerschaft weiterhin Sport treiben, vor allem wenn sie davor bereits sportlich aktiv war.

In meinem Falle war es etwas anders aus mehrerlei Gründen. Da ich mit Sport meistens übertreibe, bezweifle ich sehr stark an, dass mir das und vor allem dem Baby wirklich gutgetan hätte. Natürlich wäre ich gerne weiterhin laufen gegangen, aber mir ging es zwei Wochen am Stück bei unserem ersten Kind richtig schlecht. Sprich ich musste mich sehr oft übergeben und hatte mit dem Kreislauf Probleme. Als es mir wieder besser ging, wäre es fast so gewesen, als würde ich wieder bei null anfangen. Also ließ ich den Sport einfach bleiben, der Kreislauf war nach wie vor oft etwas instabil. Ein weiterer Grund waren die beiden Abgänge. Niemand wusste, warum es so kam. Klar hieß es, man muss sich nicht sonderlich mehr schonen und einfach alles so weitermachen wie bisher. Nur halt nicht mehr schwer heben. Da ich aber wie gesagt zwei Kinder verlor, traute ich mich nicht mehr einfach so weiterzumachen als bisher. Ich hatte Angst diese Hölle ein weiteres Mal durchleben zu müssen. Das wollte ich unbedingt vermeiden. Deswegen schränkte ich mich selbst sehr stark ein.

Mit jedem Monat, der verging, nahm ich immer mehr zu. Leider nicht nur am Bauch, sondern einfach überall. Ich wurde runder und runder und runder. Am Tag der Entbindung hatte ich die einhundert-kg-Marke geknackt: Endgewicht stolze 106 kg laut der Waage meines Gynäkologen. Ich weiß, dass die Waage immer ein Figur-Schmeichler ist. Deshalb vermute ich stark ich ging eher in Richtung 110 kg. Ich verlies mich jedoch darauf, dass die ersten Pfunde sehr schnell purzeln. Es heißt immer die ersten zehn bis fünfzehn Kilo sind sehr schnell nach der Entbindung wieder weg. Grund: Das Kind ist nicht mehr im Bauch und die Plazenta wird auch ausgeschieden. Zudem sollten beim Stillen ebenfalls die ein oder anderen Pfunde purzeln lassen. Ich verließ mich ein ganzes Jahr darauf von selbst die ersten fünfzehn bis zwanzig Kilos zu verlieren. Damit hätte ich nur noch gute sechzehn Kilogramm bis zu meinem Anfangsgewicht übrig. Dem war aber nicht so. Unterbewusst fühlte ich mich nach der Entbindung alles andere als Wohl. Schließlich passten mir meine ganzen Kleidungsstücke nicht mehr. Es war deprimierend etwas anziehen zu wollen und dann feststellen zu müssen, da passe ich nicht mehr rein. Eigentlich hätte ich praktisch meinen gesamten Kleiderschrank austauschen müssen und das wollte ich nicht. Ich war davon überzeugt sehr bald wieder bei meinem Normalgewicht zu sein. Wie gesagt: Ich dachte die ersten Kilos purzeln von allein.

Nach einem Jahr wagte ich es dann: Ich stellte mich zu Hause auf die Waage, die ich ursprünglich verbannt hatte. Aus Selbstschutz, um das Essen nicht wieder einzustellen. Hier kam der Schock: 96 kg. Ja die ersten Kilos verflogen und ich habe etwas an Gewicht verloren, aber über 90 kg? War ich den wirklich noch so mollig? Zu dieser Zeit machte ich allerdings bereits wieder Sport. Ich hatte mit dem Hula-Hoop angefangen. Bereits nach ca. zwei bis zweieinhalb Monate nach der Entbindung in Begleitung zum Rückbildungskurs startete ich damit. Ich hatte mir ehrlich gesagt sehr viel mehr davon erhofft. Also zumindest was den Gewichtsverlust betrifft. Hula-Hoop wird immer als der Hit verkauft.

Nur hilft das alles nichts, wenn man gleichzeitig weiterhin alles isst, worauf man eben gerade Lust hat. Meine Energiebilanz stimmte wie zu meiner

Kinderzeit nicht. Ich war noch nie ein Fan vom Kalorienzählen gewesen. Ich hatte es schließlich bereits ohne geschafft als Jugendliche gut abzunehmen. Jetzt sah ich das alles etwas anders. Ich schätzte die Kalorien der verschiedenen Lebensmittel einfach falsch ein und stopfte mehr in mich hinein als ich wirklich verbrannte. Da half auch kein Hulern mehr. Wenn ich so viel Esse wie ich verbrauche, halte ich mein Gewicht. Esse ich mehr, nehme ich zu und esse ich weniger, nehme ich ab. So einfach ist die Rechnung. Alles kein Hexenwerk.

Durch Instagram wurde ich auf eine App aufmerksam, die sich mit der App meiner Fitnessuhr synchronisieren lässt. Diese installierte ich auf mein Handy ohne groß Nachzudenken und meldete mich an. Ich begann nicht nur meine Schritte und meine Sportlichen Aktivitäten zu tracken, sondern auch was ich wann und wie viel esse zu dokumentieren. Ja ich fing an Kalorien zu zählen, um ein Kaloriendefizit für meinen Abnehm-Ziel zu erreichen. Damit fuhr ich sehr gut. Ich nahm zwar „langsam" aber trotzdem stetig ab ohne Hungern oder auf etwas verzichten zu müssen. Das war mir persönlich wichtig. Von den typischen Diäten oder die Mahlzeiten durch irgendwelche Shakes zu ersetzten halte ich ehrlich gesagt sehr wenig. Schließlich wollte ich nicht schnell einfach nur Gewicht verlieren, sondern gesund abnehmen. Sprich fitter werden, den Körper definieren und gleichzeitig Gewicht verlieren. Weit gekommen bin ich allerdings nicht damit. Nicht weil es mir an Disziplin gefehlt hätte oder ich keine Lust mehr dazu hatte, sondern aus einem überraschen anderen positiven Grund.

Als ich ca. 85 bis 86 kg erreicht hatte und damit einen Gewichtsverlust von stolzen zehn Kilos in nur drei bis vier Monaten, wurde ich erneut schwanger. Ursprünglich dachten wir uns, ich arbeite Minimum wieder ein Jahr, weshalb wir Mausi vormittags in die KiTa brachten. In diesem Jahr nehme ich ab, bis ich mein Gewicht vor der Schwangerschaft erreicht habe und dann kann gerne das zweite Kind kommen – So mein persönlicher Plan. Mein Wunsch das Ausgangsgewicht zu erreichen hatte auch einen bestimmten Grund: Ich hatte Angst erneut über 30 kg zuzunehmen. Dann wäre ich bei ca. 120 kg Endgewicht und ich stellte mich selbst bildlich als Tonne vor. Damit würde ich psychisch nicht mehr klarkommen und mich mehr als nur unwohl fühlen. Die Angst kam mit dem Schwangerschaftstest erneut auf mich zu, wie eine nicht aufzuhaltende große Welle. Natürlich freute ich mich über unser zweites Wunder, da es für mich keineswegs selbstverständlich war. Aber die Freude hatte eben einen kleineren bitteren Beigeschmack.

Es stellte sich allerdings heraus, dass nichts so heiß gegessen wie gekocht wird. Zu Beginn machte ich weiter Sport, reduzierte aber die Sporteinheiten, da ich sehr schnell unter Schwindelattacken litt. So ab den zweiten Monat ging es mir immer wieder schlecht. Ich litt unter Übelkeit und Erbrechen. Hieß ich nahm zu Beginn sogar noch einmal ungeplant ein wenig ab. Dies bereitete mir Anfangs erneut Angst, da ich ja wollte, dass es unserem Nachwuchs gut geht – gerade nach unserer Vorgeschichte. Kinder holen sich zum Glück das, was sie wirklich brauchen. Hieß dem Kleinem im Bauch gings gut und Mama kämpfte. Sport gehörte nun ebenfalls in dieser Schwangerschaft der Vergangenheit an. Irgendwann wurde ich aufgrund unerklärlicher Schmerzen arbeitsunfähig geschrieben und ich konnte mich nur noch schonen. Trotzdem nahm ich gerade einmal fünfzehn bis sechzehn Kilogramm zu. Damit konnte ich sehr gut leben, da ich Gewichtstechnisch praktisch so raus kam wie bei unserer Mausi. Sogar noch ein bisschen leichter. Kein Wunder, litt ich während der neun Monate tatsächlich vier bis fünfmal unter einer Magen-Darm-Erkrankung und hatte viel weniger Heißhungerattacken als bei unserer Großen.

Dennoch spielte nun meine Psyche nicht mehr mit. Gerade einmal vier Wochen nach der Entbindung zog es mich auf die Waage. Wie ein Magnet zog sie mich an. Flehte förmlich darum, mich darauf zu stellen. Ich war psychisch so instabil, dass ich einfach mein Gewicht wissen wollte. Ich wollte wissen, von wo aus ich starte. Bei null und damit dem Gewicht nach der ersten Entbindung oder sogar noch weiter unten? Als die Waage stolze 97,5 kg anzeigte, blickte ich dem mit zwei verschiedenen Gefühlen entgegen. Zum einen war ich erleichtert unter 100 kg zu sein und zum anderen traurig. Ich fühlte mich unsexy und dick. Als schön hätte ich mich niemals bezeichnet. Wenn ich die Bilder von der Taufe unserer Großen betrachte, bin ich glücklich eine gesunde Tochter zu haben, aber gleichzeitig traurig, da ich auf dem Foto sehr rundlich bin und neben meinem Mann wirklich dick aussehe.

In diesem Moment des Wiegens schoss mir nur eines durch den Kopf: Ich muss sofort damit beginnen auf meine Ernährung zu achten, um wenigsten unter 90 kg bei der Taufe auf die Waage zu bringen. Ich wollte mich nicht damit abfinden erneut so rundlich auf den Fotos auszusehen und auch mit dem Kleid ein Problem zu bekommen. Gut, dass Kleiderproblem kam, dann eh von ganz allein auf mich zu. Ich bestellte schlauerweise zwei Stück: Das erste ist schön, gefällt mir aber nicht zur Taufe und das zweite saß bei der Anprobe etwas eng. Zum Glück waren noch ein paar Wochen Zeit, um darein zu passen. Trotzdem suchte ich weiterhin nach Alternativen. Das Ende vom Lied waren fünf neue Kleider, wovon sicherlich eines passen sollte. Auf alle Fälle freute ich mich auf die Taufe. Dieses eine Mal werde ich nicht ganz so rundlich aussehen, schwor ich mir. Das Ziel unter 90 kg zu kommen, schaffte ich. Zwar mit viel Mühe und Not, aber ich erreichte mein Ziel. Das zweite Ziel 85 kg bei der Tauffeier zu wiegen verpasste ich allerdings, da aufgrund der Hormonumstellung die Gewichtsabnahme sehr unregelmäßig verlief. Es war viel mehr ein Auf und Ab. Dieses zerrte erneut an meiner psychischen Verfassung, da ich nichts anderes machte als bereits ein Jahr zuvor. Da hatte es eindeutig besser funktioniert. Ich trackte erneut die Kalorien und Sporteinheiten. Sprich die Mischung aus Kaloriendefizit und ausreichend

Bewegung. Trotzdem konnte die Gewichtsabnahme nicht unterschiedlicher sein.

In einer Woche verlor ich mal 0,9 kg, dann wieder
1,4 kg und anschließend folgten wieder miserable
Wochen mit -0,2 kg oder sogar einer Gewichtszunahme von 1 kg. Es gab Wiegetage, da verstand
ich die Welt nicht mehr, obwohl ich wusste, woran
es liegt bzw. eine Vermutung hatte. Seit Jahren ist
mein Stoffwechsel nicht gerade der Beste und
muss richtig angekurbelt werden. Den bekam ich
tatsächlich nur sehr schwer in Schwung. Ein weiter
Grund für den verlangsamten Gewichtsverlust ist
aufgrund meiner Erkrankung, welche im Laufe der
Schwangerschaft festgestellt wurde.

Trotzdem ließ und lasse ich mich nicht ausbremsen. Ich sagte: „Hallo Schwangerschaftskilos,
schön, dass ihr da seid, aber auch schön, wenn ihr
wieder verschwindet. Auf nimmer wiedersehen."
Ich gebe so lange nicht auf, bis ich mich wieder
wohlfühle in meinem Körper und in meine alten
Kleidungsstücke passe. Ich bin aber auch viel zu
geizig dafür meinen gesamten Kleiderschrank zu
erneuern. Das Geld dafür, benötigen wir tatsächlich für andere Ziele, die eine höhere Priorität haben. Also muss die Kleidung einfach irgendwann
wieder passen – im Besten falle bereits ein Jahr
nach der Entbindung.

Nur mein Ziel von meinem persönlichen Idealge-
wicht ist auch dann noch nicht erreicht. Runde 70
kg verursachen immer noch einen BMI, der nicht
im Normalbereich liegt. Also müssen noch zusätzli-
che ca. zehn Kilos weichen. Der erste Große

Schritt in die richtige Richtung ist bereits gemacht. Stolze siebzehn Kilos sind bereits herunter, der Rest folgt nach und nach. Ich gehe weiterhin Schritt für Schritt in Richtung meines eigenen Traumgewichtes.

Diagnose Lipödem

Tja, das war wie ein Schlag mitten ins Gesicht. Die Symptome zeichneten sich bereits seit Jahren ab, aber auch diese ignorierte ich mit Erfolg. Ich wollte es einfach nicht wahrhaben. Als ich als Jugendliche 25 kg abnahm, war mein Bauch nicht straff und meine Beine ebenfalls dellig. Trotz gezielten Trainings war ich nie durchtrainiert. Ich selbst fand das gar nicht einmal so sonderlich schlimme feste Beine und einen runden Po zu haben, schließlich freute ich mich überhaupt endlich ein „Normalgewicht" auf die Waage zu bringen. Hierfür bekam ich häufig sehr schöne Komplimente. Fun Fact: Auch zu meinen durchaus weiblichen Rundungen, mit denen ich selbst oftmals nicht klarkam. Deshalb fiel mir das Negative nicht sonderlich auf. Außer, dass ich unten herum einfach ein bisschen fester gebaut war als oben.

Da ich sowieso viel Sport trieb, stellte ich immer mehr auf Übungen um, die gezielt Bauch, Beine und Po in Form bringen sollten. Ja, es half ein wenig, aber nicht vollständig. Ich litt gerade im Sommer immer mehr unter schmerzenden und brennenden Beinen. Auch diese Signale nahm ich nicht sonderlich ernst und dachte es liegt einfach an der Hitze und vielleicht auch an Wassereinlagerungen.

Nachdem ich die Pille aufgrund unseres Kinderwunsches absetzte, nahm ich stolze zehn Kilogramm zu. Ich bemerkte diese Zunahme nicht wirklich, da meine Oberteile alle noch perfekt passten. Nur meine kurzen Hosen und ein paar längere waren auf einmal viel zu eng. 2018 gönnte ich mir einen besonderen Urlaub mit meiner besten Freundin auf den Malediven. Ich nahm eine Auswahl an Hosen mit, die ich leider nicht vorher probierte. Ich war der Meinung mir passt alles noch. Dem war nicht so. Gut, dass ich genug Sachen zum Anziehen und vor allem Kleider dabeihatte. Ich brachte die Hosen nicht mehr über meine sehr breiten Oberschenkel. Dieses Phänomen konnte ich nun nicht mehr leugnen und war für mich völlig unverständlich.

Alles, was mir dabei durch den Kopf ging: Du hast halt ein paar Beziehungskilos zugenommen, aber das ist halb so schlimm. Sie sitzen halt jetzt an den Oberschenkeln fest, auch wenn es komisch ist, nur dort zugenommen zu haben. Trotzdem bist du noch Normalgewichtig und siehst gut aus. Kein Grund zur Panik. Wie gesagt: Meine Oberteile saßen nach wie vor perfekt. Für mich also kein Grund in Panik zu geraten, vor allem, weil ich nach wie vor noch sehr sportlich war und regelmäßig joggen ging bzw. Workouts absolvierte.

Ich konnte mich nach wie vor in kurzen Outfits zeigen, ohne mich schämen zu müssen. Etwas schockiert war ich allerdings als ich mich bei der Kinderwunschklinik auf die Waage stellen musste. Diese zeigte ganze 73 kg an. Ursprünglich hatte ich zwischen 59 und 63 kg. Wie gesagt, ich hatte während meiner Beziehung zu meinem Mann damit zehn Kilos zugenommen. Diese wollte ich wieder abtrainieren. Kann ja wohl nicht so schwer sein, dachte ich. Aber dann wurde ich mit unserer Großen schwanger.

Die Hormonumstellung während und nach der Schwangerschaft verschlimmerten die Symptome. Dies machte sich vor allem an den eh schon sehr festen Oberschenkeln bemerkbar. Sie wurden praktisch noch dicker, noch delliger und man sah noch mehr Äderchen, die sogenannten unschönen Besenreißer. Hinzu kamen die schweren und müden Beine. Gerade, wenn es draußen heiß war. Blaue Flecke bekam ich sowieso schon immer sehr schnell. Es reichte oftmals nur ein kleiner Stoß und schon hatte ich am darauffolgenden Tag einen schönen blauen Fleck. Diese Symptome redete ich aber immer noch schön oder verdrängte sie weiterhin.

Zumindest bis mich meine Mutter darauf ansprach. Sie vermutete dahinter die Krankheit Lipödem. Davon hatte sie gerade im Fernsehen schon des Öfteren gehört. Meine Mama kennt mich einfach schon jahrelang, weiß wie sportlich ich immer war und wie sehr ich auf meine Ernährung achtete, um ja nicht wieder zu zunehmen. Trotzdem wurden meine Beine immer fester und unförmiger. Leider brachte ich es zu diesem Zeitpunkt noch nicht fertig mir einen Termin bei einem Spezialisten geben zu lassen. Zu groß war die Angst vor der Diagnose. Ich hatte bereits einiges von der Erkrankung und dessen Verlauf gelesen und gehört. Dies schürte nur meine Unsicherheit und meine Angst vor der Auswirkung auf meinem Körper.

Schließlich bekam ich mal wieder Rückenprobleme. Der Arzt verschrieb mir hierfür Krankengymnastik. Nun sprach mich auch meine Physiotherapeutin auf den Verdacht des Lipödems an. Sie meinte freundlich und dennoch bestimmt zu mir: „Wenn ich so ihre Beine ansehe, kann sich dahinter ein Lipödem verbergen. Sie sollten das mal einem Spezialisten abklären lassen. Dann haben Sie auch Anspruch auf Lymphdrainagen."

Dies brachte mich zum Nachdenken. Meine Mama meinte es bestimmt gut mit mir, aber wie es so ist, kann man die Ratschläge der Eltern immer gut beiseiteschieben. Anders ist es, wenn man denselben Verdacht von einer fremden Person hört, die einen gar nicht wirklich kennt. Also nahm ich mir vor, zeitnah einen Termin bei einem Spezialisten zu vereinbaren.

Dies zog sich jedoch hin. Ich war bereits mit unserem zweiten Wunder schwanger, als ich zu meinem Hausarzt aufgrund einer Harnwegsinfektion ging. Bei der Gelegenheit fragte ich gleich nach einer Überweisung aufgrund eines möglichen Lipödems. Die Hausärztin kannte mich schon als Jugendliche bzw. junge Erwachsene, weshalb sie meinte, dies könnte gut sein. Ohne Wenn und Aber stellte sie mir eine Überweisung aus und empfahl mir hierfür eine Gefäß-Praxis. Eine dort ansässige Ärztin ist spezialisiert auf die Feststellung und Behandlung eines Lipödems. Termine bei Fachärzten zu bekommen ist dann wiederum eine andere Sache. Im Juli erhielt ich die Überweisung und einen Termin erst im November. Diesen musste ich leider aufgrund einer Erkältung verschieben, da jeder aufgrund des Corona-Wahnsinns extrem vorsichtig wurde. Der neue Termin sollte nun endlich im Januar darauf stattfinden.

Schließlich ging es im Januar in die Gefäß-Praxis. Ehrlich gesagt war ich ganz schön nervös, da ich überhaupt nicht wusste was genau mich dort erwartete. Wie wird die Erkrankung festgestellt? Wie viele Untersuchungen sind dafür notwendig und welche Diagnose werde ich wohl erhalten?

Als ich ankam, musste ich zuerst einige Fragen beantworten. Welche Symptome ich hatte und wann diese zum ersten Mal auftraten, ob es bereits Lipödem-Erkrankte in der Familie gibt, etc. etc. Bei einigen Fragen tat ich mich sehr schwer, da es sich bei den Erscheinungen um einen schleichenden Prozess handelte. Ich konnte nicht genau sagen ab welchem Alter ich unter schmerzenden Beinen litt, außer dass es bereits als Teenager auftrat. Feste Oberschenkel und die Neigung zu blauen Flecken zu bekommen hatte ich eigentlich schon immer. In der Familie war mir bis dato noch niemand bekannt, der bereits unter einer Fettverteilungsstörung litt. Anschließend ging es in den Untersuchungsraum. Dort wurden einige Maße genommen und Messungen durchgeführt. Schließlich kam die Ärztin dazu. Danach ging alles ganz schnell. Sie machte noch einen Ultraschall an meinen beiden Beinen und quasselte ohne Punkt und Komma. Ich kam mit dem Denken fast gar nicht mehr mit. Als ich die Praxis zwei Stunden später wieder verließ, hatte ich die erste Lymphdrainage hinter mir und ein Rezept für Kompressions-strümpfe in der Hand. Die genaue Diagnose war mir immer noch nicht so bewusst. Sie wurde zu keinem Zeitpunkt von der Ärztin ausgesprochen. Ein Blick auf mein Rezept verriet es mir schließlich: Ich litt unter einem Lipödem Stadium 2. Die Symptome haben sich in der Schwangerschaft mit unserer Großen verschlimmert. Während der zweiten Schwangerschaft trat ein erneuter Schub auf. Plötzlich bekam ich Angst. Nein, ich wollte nicht an dieser Krankheit erkrankt sein. Nein, ich wollte nicht noch dickere Oberschenkel bekommen. Nein, Nein, Nein und nochmals Nein. Das durfte einfach nicht wahr sein. Genau genommen wollte ich mir nach wie vor die Diagnose nicht eingestehen. Ich fühle mich in meiner Haut doch eh nicht wohl und jetzt auch noch mit einer Krankheit, die dazu führt, noch festere und unförmiger Beine zu erhalten? Wie soll ich damit nur umgehen? Gerade psychisch? Tapfer ging ich trotzdem sofort in das Sanitätshaus und ließ mir meine Kompressions-strümpfe anpassen. Bzw. einfach meine Beine vermessen. Hier lauerte das erste Problem. Ich werde während der Schwangerschaft noch ein paar Kilos zulegen.

Wie sollen mir da die Strümpfe – vor allem nach der Schwangerschaft – noch passen? Die Ärztin meinte oben schon: „Abnehmen wird sehr schwer. Es ist fast unmöglich. Sie sollten wenigsten ihr Gewicht halten und nicht noch mehr zulegen." Das war dann ein erneuter Schlag ins Gesicht. Ich wollte das gar nicht hören. Schließlich möchte ich nach der Schwangerschaft nicht nur mein Gewicht halten. Mit über 90 kg leben? Nein, Danke.

Gerade in den letzten Wochen legen da Frauen mit Baby im Bauch sehr schnell noch das ein oder andere Kilogramm zu. Da sich das bei einem Lipödem sofort auf die Oberschenkel auswirkt, bedeutete dies, die Strümpfe passen eventuell nach kurzer Zeit gar nicht mehr. Genau das passierte bei mir. Sie wurden dann noch einmal angepasst, aber ich trug sie nicht mehr, nachdem sie immer noch rutschten. Und dies obwohl ich Gewichtstechnisch gar nicht mehr so viel zugenommen hatte.

In dem Moment wurde mir klar: Ich muss lernen mit der Diagnose zu leben. Sie ist jetzt ein Teil von mir. Trotzdem werde ich weiterhin alles daran setzten abzunehmen. Solange, bis ich mein Ausgangsgewicht vor der Schwangerschaft und vor der Beziehung mit meinem Mann erreicht habe. Mir ist und war durchaus bewusst, dass dies länger als normal dauert. Mein Körper lagert und verteilt das Fett anders als gesunde Körper. Die betroffenen Fettzellen in den Beinen lassen sich zudem gar nicht wegtrainieren, da sie Diätresistent sind. Aber ich werde nicht aufgeben, auch wenn die Ärzte dies für unmöglich halten. Danach lasse ich mir meine Strümpfe anpassen und werde mich schon daran gewöhnen – irgendwann. Sie sehen nicht schön aus, aber meine Beine ebenso wenig. Also Scheiß darauf. Hauptsache die Schmerzen werden gelindert und das Lipödem verschlimmert sich nicht noch. Mittlerweile bin ich mental sogar so weit, dass ich vor dem Erreichen meiner Ziele bereits neue Kompressionen verschrieben und angepasst bekommen habe. Nicht in Form von Strümpfen, sondern einer Strumpfhose. Diese sitzt hoffentlich besser.

Ich werde sehen, was die Zukunft in diesem Bereich noch für mich bereithält. Welche Überraschungen auf mich warten. Auf alle Fälle kommt ein neues und weiteres Sparziel hinzu: Rücklagen bilden, falls ich doch noch eine OP benötige, sollten die Schmerzen nicht mehr auszuhalten sein oder einfach, weil der Körper noch unförmiger wird.

Das die Krankheit Lipödem noch nicht ausreichend erforscht wurde, bezahlt die Krankenkasse meist nur bestimmte Behandlungen. Eine OP zählt hierzu nur in extremen Fällen. Genau deswegen verfestigt sich mein Ziel mit der Erkrankung ohne OP leben zu können. Sie einzudämmen und auf mich selbst zu achten.

Nicht alles war schlecht – Die schönen Seiten

Im Leben gibt es nicht immer nur Schwarz und Weiß. Vielmehr ist das Leben Bunt. Gerade in Bezug auf das Thema Übergewicht und Mobbing prägte mich meine Kindheit und auch meine Jugend nachhaltig. Die Zeit war einfach mit vielen Negativen Seiten behaftet. Nur war sicherlich auch nicht alles schlecht. Natürlich hört sich das Buch danach an, aber es gab auch sehr viele schöne Seiten, an die ich mich erinnere. In gewisser Weise habe ich mich mit meiner Situation einfach abgefunden und sozusagen das Beste mir zu der Zeit mögliche daraus gemacht.

Wenn ich so klar darüber nachdenke, erinnere ich mich sogar an sehr viele schöne Dinge. Eine meiner schönsten Zeiten war sicherlich der Kindergarten. Ich liebte ihn. Ging also jeden Tag freiwillig hin. Dort hatte ich gewisse Freunde, spielte aber auch hier schon sehr oft für mich einfach allein oder wusch das Geschirr freiwillig ab. Mich mussten die Kindergärtnerinnen sogar ausbremsen, damit andere Kinder den Spüldienst übernehmen. Ich denke, ich wollte da schon oftmals einfach meine Ruhe vor den anderen Kindern haben. Im Mittelpunkt des Lebens zu stehen, lag und liegt mir auch heute noch nicht besonders. Mir ist es immer lieber, wenn andere im Rampenlicht stehen – auch wenn mich das heutzutage in meiner beruflichen Laufbahn schon etwas ausbremst.

Ich erinnere mich noch an eine Situation, in der ich sehr traurig war, nicht in den Kindergarten zu dürfen. Durch Blödeln mit meiner Schwester rannte ich bei uns zu Hause vom Bad in Richtung Küche vor. Die Küchentür stand nicht vollständig offen und ein Stuhl war nicht ganz unter den Tisch geschoben worden. So wie es kommen musste, stolperte ich und landete mit dem Kinn auf der Eckbank. Natürlich schlug ich mir mein Kinn auf und musste zum Arzt. Nachdem ich mich von dem Schock erholt hatte, fing ich das Weinen an, nicht aufgrund der Schmerzen etwas, sondern weil ich nicht in den Kindergarten durfte. Dort stand an diesem Tag ein Geburtstag an. Diese Feiern liebte ich. Wahrscheinlich aufgrund des guten Kuchens. Meine Mama machte nach dem Arztbesuch extra für mich einen kurzen Abstecher zum Kindergarten und ich war glücklich. Mir wurde sogar ein Stück Kuchen mit nach Hause gegeben. Ja, ich war zu dieser Zeit schon etwas verfressen. Und mit guten Kuchen konnte man mich immer locken.

Im Kindergarten zeigte sich bereits meine Einfühlsame Seite. So tröstete ich einmal einen Jungen, der von anderen ausgelacht wurde. Der Grund war banal. Er malte sein Bild nur orange aus und wurde ausgelacht. Ich war zu diesem Zeitpunkt neben ihm am Malen gewesen. Unterbrach meine Arbeit und tröstete ihn so selbstverständlich. Auch heute noch kann ich niemanden weinen sehen. Aufgrund dessen freundeten wir uns an. Ja wir waren sogar sehr gute Freunde im Kindergartenalter.

Vor kurzen erinnerte ich mich zudem an die schönen Spielstunden mit unserer großartigen Spielküche. Das war das erste große, aber auch zur damaligen Zeit sehr teuren Geschenke. Meine Schwester und ich konnten stundenlang damit kochen. Aufgebaut war die runde Küchenzeile in unserer eigenen Küche zu Hause. Damit konnten wir immer mit Mama kochen und unserer Fantasie freien Lauf lassen. Zur Küche selbst gehörte ein Getränkespender. Diesen füllten wir immer mit Orangensaft und tranken den aus den Spielzeuggläsern und -tassen. Daran kann sich meine Mama gar nicht mehr daran erinnern – Ich aber schon, da es einfach eine schöne Zeit war.

Genauso wie die Zeiten draußen in der Natur. Im Winter bauten wir Schneemänner oder sogar Iglus. Fuhren sehr gerne Schlitten und genossen die weiße Landschaft. Im Sommer zog es uns immer nach draußen zum Spielen. Wir düsten mit unseren Gefährten über den Hof, zeichneten dafür sogar Straßen auf und ich übernahm immer den Kochdienst. Es gab halt einfach Gras mit Wasser gemischt. Opa hat uns auch eine neue Schaukel aufgebaut. Dieser Stand inmitten von Ahorn-Bäumen. Herrlich in der Umgebung zu Schaukeln oder zu turnen. Opa war es auch, der uns immer mit zum Wandern genommen hat. Highlight war die Pause an den Jägerständen. Meine Schwester und ich setzten uns hinauf zum Brotzeitmachen und Opa saß unten. Dreckig werden? Gehörte dabei zum Alltag. Deshalb waren wir wahrscheinlich auch so gesund. Die Nachbarin meinte einmal zu Mama ich würde meine Kinder erschießen, wenn sie sich so einsauen würden. Meine Mama nahms locker. Es gibt schließlich auch eine Waschmaschine. Genauso sehe ich das auch. Deshalb war meine Kindheit in diesem Bereich auch so glücklich.

Als wir Älter wurden, saßen wir ganz oft mit Oma und unseren Eltern draußen bis spät in die Nacht. Ratschten oder spielten gemeinsam, solange es noch von der Helligkeit her möglich war. Federball, Tischtennis, Freezebee oder Fußball – Egal, Hauptsache es machte Spaß. Hauptsache Familienzeit und die Sorgen vergessen. Ja, gerade im Sommer nahmen sich unsere Eltern sehr viel Zeit für uns. Wir mussten keine Großartigen Ausflüge unternehmen. Mir reichten diese „Kleinigkeiten" vollkommen aus.

Im Winter während den Weihnachtsferien liebte ich es im Sessel zu liegen und mit meinem Papa die Vier-Schanzen-Tournee zu verfolgen, Wintersport zu gucken und später dabei zu lesen. Gerne spielten wir Gesellschaftsspiele – auch mit meiner Oma. Romè, Mensch ärgere dich nicht, Monopoly (Junior), Schwarzer Peter, Mau-Mau, Uno, Das Spiel des Lebens und, und, und. Ein Spiel täglich musste fast sein. Oma brachte uns schließlich auch das Watten bei. Natürlich verlor sie sehr oft absichtlich. Uns freute es.

Mit meiner strengen Oma backte ich gerne Kuchen und lernte dadurch sehr viel von ihr. Half ihr auch beim Abspülen, da sie keine Spülmaschine hatte und genoss den Tag – außer ich musste lernen, versteht sich. Als Kindergartenkind liebte ich es, morgens bei Oma in der Küche zu sein, bevor ich zum Bus musste und auf die Müllabfuhr zu warten. Wir winkten immer hinaus und die Müllmänner freuten sich. Kaum einer hat nicht freudig zurück gewunken.

Schöne Erinnerungen habe ich auch an unsere Sommerurlaube in Kroatien Rabac. Mit dabei waren eigentlich immer Tante und Onkel plus Cousin und Cousine väterlicherseits. Es waren schöne Urlaube, auch wenn die Fahrten sich immer ewig zogen und mein Vater gerne einmal im Auto ungeduldig wurde, schimpfen inklusive. Ich liebte das Meer, die Einkaufsmeile von Rabac mit den vielen kleinen Ständen und die Zeit am Pool. Dort konnte ich den ganzen Tag planschen und wurde immer schön braun. Es gibt so viele großartige Geschichten und Erlebnisse in Rabac, die hier alle aufzuzählen würde den Rahmen einfach sprengen.

In der Jugendzeit wurden meine Erinnerungen geprägt von den Ausflügen auf Rocknächte, Discos und Co. mit meinen Freundinnen. Was wir da alles erlebt haben. Durch meine Schwester und ihren damaligen Freund kamen wir auch zu einem Art Jugendtreff. Das war schon immer was. Dort feierten wir die ein oder andere lange Party. Einmal machten wir einen Spaziergang, um ein paar schöne Fotos zu bekommen. Hierfür landeten wir auf einen Spielplatz. Wie sich später einmal herausstellte, war das gar kein Spielplatz, sondern ein Privatgrundstück mit Klettergerüst. Und wir wunderten uns schon, warum da einer aus dem Haus immer so neugierig zu uns rüber sieht. War uns ein

bisschen peinlich, aber mittlerweile muss ich darüber lachen. Weitere schöne Zeiten verbrachte ich
später mit den Freunden auf Volksfesten – Besser
gesagt angeheitert stehend auf den Bierbänken.
So wie es sich für einen zünftigen Volksfestbesuch
auch gehört. Gerade beim Feiern half Alkohol – in
Maßen statt in Massen – um richtig aufzutauen
und die ein oder andre Gaudi einfach mitzuma-
chen. Hier konnte ich leicht neue Kontakte knüpfen
und hatte oft das Gefühl einfach ich selbst zu sein.
Ohne mich zu Verstellen. Locker und lustig, mit
Scherzen auf den Lippen und eine Freude beim
Kontern.

Wenn ich so darüber nachdenke, war das alles in
allem schon eine geile Zeit. Mit viel Anekdoten, die
mich sofort wieder zum Lachen bringen. Was wir
teilweise geliefert haben, passt auf keine Kuhhaut.
Ein Beweis mehr, was die richtigen Menschen an
meiner Seite aus mir herausholen, mich annehmen, wie ich bin und wir einfach füreinander das
sind.

Komischerweise rettete eine Sportart meine Einstellung zum Leben und half mir über ein paar Hür-
den hinweg, den ich selbst nie ausführen durfte:
Fußball. Ja ich fand als Teenagerin zurück. Suchte
mir einen Lieblingsverein und fing an zu den Heim-
spielen und irgendwann zu den Auswärtsspielen
zu fahren. Ich wurde zu einem richtigen Fan mit
Dauerkarte. Komisch, da ich dort zwar oft mit ge-
mischten Gefühlen hinfuhr. Ab und an kam ich mir
etwas fehl am Platz vor – Also im Fanblock. Und
dann gab es Zeiten, in denen ich mich so richtig

wohl fühlte. Ich hatte sogar richtige Fußball-
freunde, mit denen ich mich vor den Spielen traf.
Zum warm singen. Sie waren zwar nicht im selben
Block wie ich daheim, aber trotzdem verstanden
wir uns gut. Das Kennenlernen mit meinen Fuß-
ballfreunden hält eine kleine Anekdote bereit. Ich
war ursprünglich mit einem guten Freund für ein
paar Tage in Berlin, um dort ein Auswärtsspiel zu
besuchen und die Stadt zu erkunden. Vor dem
Spiel könnten wir uns an einem Stand ein Bier-
chen. Machte man schließlich so. Auf einmal standen zwei andere Fans unserer Mannschaft vor uns
und suchten das Gespräch. Wir unterhielten uns
Prima und die Männer wollten Nummern tauschen.
Meine Begleitung gab aber wissentlich eine falsche Nummer heraus. Nur ich war halt leicht in Fa-
cebook zu finden. Dort fing dann eben eine richtig
gute Freundschaft an und viele einzigartige Erlebnisse und gemeinsame Feiern. Leider brach der
Kontakt mit der Zeit ab, als ich meinen Mann kennen und lieben lernte. Dafür blieben schöne Erinnerungen an diese Zeit.

Eines meiner schönsten Ereignisse und Erinnerungen, welche auch mit einigen Peinlichkeiten und
zwei Vollräusche in Verbindung stehen, ist das Zu-
sammenkommen mit meinem jetzigen Ehemann.
Zwar war ich bei unserem Kennenlernen mehr als
nur betrunken, aber er schrieb mir am nächsten
Tag trotzdem. Ich hinterließ scheinbar einen blei-
benden Eindruck – hoffentlich nicht all zu negativ.
Wir haben dann etwa ein Jahr gebraucht, um zuei-
nander zu finden. Kurzzeitig aus den Augen verloren und dann doch noch die Kurve bekommen.

Mittlerweile sind wir seit 2017 glücklich verheiratet. Wurden 2021 zum ersten Mal und 2023 zum zweiten Mal zu glückliche Eltern. Während all der Jahre zwischen Kennenlernen und heute gab es ebenfalls sehr viele schöne gemeinsame Erinnerungen wie Stadionbesuche, Ausflüge, Zeit mit Freunden, etc. Dann kamen unsere beiden Schützlinge auf die Welt und stellten unsere Welt komplett auf den Kopf. Im positiven Sinne. Ich möchte sie nicht mehr missen und sie zaubern mir täglich ein Lächeln ins Gesicht. Damit hat mein Leben wenigsten in diesem Bereich eine positive Wendung genommen.

Happy End oder Never-Ending Story?

Bei all den Höhen und Tiefen meines bisherigen Lebens, habe ich niemals meine Hoffnung verloren. Ich frage mich zwar beinahe täglich, ob es für mich ein Happy End gibt oder doch eher zu einer Never-Ending Story wird.

Stand jetzt habe ich, wie alle andren auch, sehr gute Tage, an denen ich richtig positiv in die Zukunft blicke Mich auf die kommenden Tage freue und einfach beschwingt durchs Leben gehe. Ich bin mir an diesen Tagen sicher, dass meine Ausdauer, mein Durchhaltevermögen und mein immer wieder Aufstehen irgendwann belohnt werden. An anderen Tagen wiederum sieht es komplett anders aus. Diese schlechteren Tage gehören wohl zum Leben. Dennoch werfen sie mich vollständig aus der Bahn. Ich fühle mich wieder zurückversetzt in meine Kindheit und in meine Jugend. Ich fühle mich wieder richtig dick und unwohl. Klar habe - ich stand jetzt während des Schreibens - noch ein paar Kilos zu viel, aber die Entbindung unseres zweiten Kindes ist noch nicht allzu lange her. Ich zähle halt schon immer zu den Personen, die für ihr Gewicht und vielen anderen Dingen im Leben kämpfen müssen. Das aktuelle Gewicht halten funktioniert sogar sehr gut, nur das Abnehmen fällt mir an vielen Tagen mit viel zu viel Stress und Arbeit plus Kinder und Haushalt einfach schwer.

Ich denke das geht jeden einmal so. Dennoch glaube ich fest daran, dass das Mobbing aufgrund meiner Figur beendet ist – zumindest in der realen Welt. Die Sozialen Medien sehen da schon etwas anders aus. Anfeindungen warten da hier vor allem auf erfolgreiche und große Profile. Neid und Missgunst ist leider weit verbreitet. Aber ich arbeite an mir und daran, mir ein Schutzschild zu zulegen, an denen Anfeindungen einfach abprallen.

Ein Happy End habe ich, trotz meiner sehr vielen Höhen und vor allem sehr, sehr vielen Tiefen gefunden: Meine Familie. Ich bereue niemals den Tag, an dem es bei mir Klick gemacht hat und ich mir Kinder vorstellen konnte. Ja mich verfolgt immer die Angst, dass sie auch das Gleiche durchmachen müssen wie ich, aber ich tue alles dafür, um ihnen ein Selbstbewusstsein mit auf den Weg zu geben. Ein Selbstbewusstsein, welches ich niemals wirklich hatte. Ich startete von Vornherein komplett ohne oder mit nur einem geringen Selbstwertgefühl. Genau das möchte ich als Mama für meine beiden Kinder vermeiden.

Ich gebe ihnen hoffentlich mit auf den Weg, dass sie einzigartig sind und ihren eigenen Weg gehen können. Als Mama stehe ich ihnen jederzeit zur Seite, bin ihre Ansprechpartnerin für alle Themen. Höre zu, habe Verständnis und baue sie, wenn es nötig ist, auch immer wieder auf. Ermutige sie weiterhin an sich zu glauben und ihren Weg zu gehen. Immer in der Hoffnung, sie starten besser durchs Leben als ich selbst.

Damit mir das Gelingt, glaube ich weiterhin an ein Happy End für mich und vor allem für meine Familie. Dafür lohnt es sich zu kämpfen und vor allem an sich selbst zu arbeiten. Meine größte Baustelle bin nun einmal ich selbst. Nicht die anderen, denen ich problemlos die Schuld zuschieben könnte. Nein, nur ich selbst kann mit mir ins Reine kommen, die Vergangenheit aufarbeiten, verzeihen und abzuhaken. Damit abschließen und mich dann um meine eigene Zukunft zu kümmern. Eine Zukunft, die nur ich selbst in den Händen halte. Lasse ich mir weiterhin auf meinen Gefühlen rumtrampeln, mich als Opfer verwenden oder baue ich mir ein schönes Leben auf ohne Mobbing, ohne Unterdrückung? Letzteres ist mein Ziel: Ein glückliches und gesundes Leben für mich und vor allem für meine Familie.

Wenn es mir schlecht geht und ich die Motivation verliere, für mich selbst zu kämpfen, sehe ich mir meine beiden Kinder, meine beiden Sonnenscheine an. Beide waren ein Geschenk Gottes, an die ich nicht mehr geglaubt habe. Sie wurden mir Geschenkt, um meine Seele zu heilen, um mit mir selbst ins Reine zu kommen und für meine Kinder stark zu sein. Sehe ich beide an, weiß ich alles richtig gemacht zu haben. Sie verurteilen nicht, sie machen sich selbst erst ein Bild von Menschen, bevor sie mit wem spielen oder reden oder eben nicht. Sie freuen sich über das Leben und vor allem über Kleinigkeiten. Daraufhin arbeite ich hin: Mich wieder freuen zu können. Freude zu zulassen und einfach glücklich und dankbar zu sein für das Leben, welches mir Geschenkt wurde. Der Rest kommt dann mit Sicherheit ganz von allein. Ja ich glaube an ein Happy End für mich und nicht an eine Never-Ending Story.

Danksagung

An dieser Stelle möchte ich mich vor allem bei meinem Ehemann bedanken, der mir gelernt hat, liebenswert zu sein, so wie ich bin. Ich muss mich niemals verstellen, kann so sein, wie ich bin und vor allem verurteilt er mich nicht aufgrund meines Gewichtes. Vielmehr nimmt er mir sogar den Druck weg, sofort wieder aussehen zu müssen wie vor der Schwangerschaft. 10 Kilos mehr oder weniger spielen für ihn niemals eine Rolle. Hauptsache ich bin eine gute Mutter für seine zwei Sonnenscheine und eine gute Ehefrau, die an sich selbst glaubt. Mein Mann unterstützt mich immer wieder bei der Durchsetzung meiner Projekte und Ideen. Er stärkt mir sehr oft unbewusst den Rücken, um nicht die Kraft oder den Mut zu verlieren für meine Ziele zu kämpfen. Danke dafür und Danke dich in meinen Leben zu haben mein Schatz, ich liebe dich.

Mein zweiter Dank geht an meine wundervollen Kinder. Ihr seid ein Geschenk und bereichert unser Leben. Ich möchte euch keinen Tag mehr missen, auch wenn ihr mich manchmal in den Wahnsinn treibt. Ich hoffe, ich bin euch eine gute und vor allem liebende Mutter – Auch wenn ich selbst Fehler mache. Danke, dass ihr in meinem Leben seid.

Ein großes Danke an meine Eltern, die vielleicht unbewusst den ein oder anderen Fehler in der Erziehung gemacht haben. Fehler sind menschlich. Auch ich mache sicherlich noch einige Fehler in der Erziehung meiner Kinder, aus denen ich viel lernen kann. Allem in allem sehe ich beim Zurück-blicken eine sehr schöne Kindheit, mit vielen groß-artigen Stunden voll Sonnenschein. Ich bin dank-bar euch an meiner Seite zu wissen. Ihr unterstützt mich schon immer auf meinen Wegen und seid, wenn es darauf ankommt für mich da. Ihr habt je-derzeit ein offenes Ohr für mich und meine Prob-leme. Hört zu und gebt mir das Gefühl wertvoll zu sein. Ihr habt mich zudem Menschen erzogen, den ich heute bin. Ihr könnt stolz auf euch sein, zwei wundervolle Mädchen groß gezogen zu haben. Mittlerweile seid ihr stolze und liebevolle Großel-tern von insgesamt drei Enkelkindern. Meine Kin-der können sich glücklich schätzen, mit euch auf-wachsen zu dürfen. Danke auch dafür, dass ihr mich zu einem liebevollen und mittlerweile glückli-chen Menschen erzogen habt, der immer freund-lich und hilfsbereit zu anderen ist. Ich habe euch unendlich lieb Mama und Papa.

Danke an meine Große Schwester. Ja wir hatten es beide nicht einfach und oftmals auch zueinan-der nicht, aber trotzdem stehen wir immer füreinan-der ein. Sind füreinander da und helfen uns gegen-seitig weiter egal was ist.

Danke auch an meine beste Freundin Micha. Wir wissen beide, dass wir uns viel zu selten sehen. Trotzdem weiß ich, wir können uns aufeinander verlassen und sind immer füreinander da. Danke, dass du mittlerweile schon seit einer gefühlten Ewigkeit in meinem Leben bist und dieses be-reicherst. Du schätzt mich als Freundin wert so wie ich dich wertschätze. Oh Mann, was wir schon alles miteinander erlebt haben. Dankeschön dafür.

Danke an allen Menschen, die mich auf meinem Weg begleiten, die ich kennenlernen durfte und kennenlernen werde. Ihr alle habt mich meine Lektionen gelehrt. Ob Positiv oder Negativ – Keine einzige Erfahrung möchte ich mehr missen, da ich daraus stark und mit erhobenem Haupt hervorgehen kann. Durch euch wurde ich zu dem Menschen, der ich heute bin. Eines werde ich allen versprechen, die mir Steine in den Weg legen und mich scheitern sehen wollen: Ich werde euch diesen Gefallen niemals tun. Ich kämpfe für mich und für mein Leben, egal wie schwer es auch manchmal sein möge.

Zu guter Letzt: Danke an alle Leser/innen dieses Buches. Ich hoffe es hat auch gefallen und ihr könnt daraus das ein oder andere für euch selbst mitnehmen. Vergesst nur niemals: Ihr seid gut so wie ihr seid, egal was andere über euch denken oder sagen. Das Leben ist es wert, gelebt zu werden, und zwar von euch selbst. Machts das Beste daraus und vor allem gebt niemals auf. Wenn ihr Hilfe braucht, bekommt ihr Hilfe, ihr müsst nur an der richtigen Stelle suchen.

Danke, Danke, Danke einfach an euch allen.

Eure Jessi

Jessica Rabl, 1992 geboren und in einem kleinen Dorf aufgewachsen, brauchte viele berufliche Stationen, bis sie 2017 den Schritt in die Selbstständigkeit wagte, um dort ihre berufliche Heimat zu finden. Den ersten großen Wendepunkt ihres Lebens erfuhr sie im Jahr 2015, als sie mit ihrem Mann zusammenkam und seitdem ein neues Leben in einem Neuen Wohnort startete. Mittlerweile ist sie zweifache Mutter einer bezaubernden Tochter und eines Sohnes.

„Hauptrolle Opfer" stellt ihr erstes Werk als Autorin da und soll vielen anderen betroffenen Mut und Vertrauen in sich selbst schenken.

Wie sollte mich jemals jemand Lieb...
es selbst nicht tue? Oder gar sexy u...
finden? Fühle ich mich doch seit Jah...
in meiner Haut. Und doch gab es da plötzlich
jemanden an meiner Seite, der mich Verstand.
Mich so nimmt wie ich bin und meine
Vergangenheit versteht. Ohne große Worte
darüber.

Ich war geprägt durch meine Vergangenheit.
Meine Kindheit und Jugendzeit wurden ständig
von Mobbing negativ untermauert. Immer
wieder gab es fiese Angriffe und Attacken auf
mich. Trotzdem lies ich mich niemals
Unterkriegen. Nein, ich bin kein Opfer mehr.
Niemand wird mich mehr Mobben. Ich lebe mein
Leben.

ISBN: 978-3-7103-5907-1